企业高技能人才职业培训系列教材

移动通信机务员

五级 四级 三级

移动通信设备维护

编审委员会

主　　任：	仇朝东　马　明
副 主 任：	赵申祥　徐震宇
委　　员：	顾卫东　葛恒双　葛　玮　孙兴旺　刘汉成
	鲁　嵘　蔡春荣　刘东文　钱　芸
执行委员：	孙兴旺　瞿伟洁　李　晔　夏　莹　孙　凯
	江亚勤　张叶晨

主　　编：	孙　凯　宋铁民
副 主 编：	钟志鲲　孙智强　周　菁
编　　者：	刘　毅　周　菁　罗　杰　曾泽学　鲁　锋
	宋铁民
主　　审：	高人俊　朱建群

中国劳动社会保障出版社

图书在版编目(CIP)数据

移动通信机务员：五级、四级、三级．移动通信设备维护/人力资源和社会保障部教材办公室等组织编写．—北京：中国劳动社会保障出版社，2014

企业高技能人才职业培训系列教材

ISBN 978－7－5167－1178－1

Ⅰ.①移… Ⅱ.①人… Ⅲ.①移动通信-邮电业务-职业培训-教材②移动通信-通信设备-维修-职业培训-教材 Ⅳ.①F626.12②TN929.5

中国版本图书馆 CIP 数据核字(2014)第 121813 号

中国劳动社会保障出版社出版发行

(北京市惠新东街1号 邮政编码：100029)

*

北京市艺辉印刷有限公司印刷装订 新华书店经销

787 毫米×1092 毫米 16 开本 8.75 印张 143 千字

2014 年 6 月第 1 版 2014 年 6 月第 1 次印刷

定价：**20.00** 元

读者服务部电话：(010) 64929211/64921644/84643933

发行部电话：(010) 64961894

出版社网址：http://www.class.com.cn

版权专有 侵权必究

如有印装差错，请与本社联系调换：(010) 80497374

我社将与版权执法机关配合，大力打击盗印、销售和使用盗版图书活动，敬请广大读者协助举报，经查实将给予举报者奖励。

举报电话：(010) 64954652

内容简介

本教材由人力资源和社会保障部教材办公室、中国就业培训技术指导中心上海分中心、上海市职业技能鉴定中心、中国电信股份有限公司上海分公司依据移动通信机务员（五级 四级 三级）职业技能鉴定细目组织编写。教材从强化培养操作技能，掌握实用技术的角度出发，较好地体现了当前最新的实用知识与操作技术，对于提高从业人员基本素质，掌握移动通信机务员（五级 四级 三级）的核心知识与技能有直接的帮助和指导作用。

本教材既注重理论知识的掌握，又突出操作技能的培养，实现了培训教育与职业技能鉴定考核的有效对接，形成一套完整的移动通信机务员培训体系。本教材内容共分为4章，主要包括：CDMA无线基站设备介绍、CDMA无线基站运行与维护、C网室内分布系统、施工规范和安全指导。

本教材可作为移动通信机务员（五级 四级 三级）职业技能培训与鉴定考核教材，也可供本职业从业人员培训使用，全国中、高等职业技术院校相关专业师生也可以参考使用。

企业技能人才是我国人才队伍的重要组成部分，是推动经济社会发展的重要力量。加强企业技能人才队伍建设，是增强企业核心竞争力、推动产业转型升级和提升企业创新能力的内在要求，是加快经济发展方式转变、促进产业结构调整的有效手段，是劳动者实现素质就业、稳定就业、体面就业的重要途径，也是深入实施人才强国战略和科教兴国战略、建设人力资源强国的重要内容。

国务院办公厅在《关于加强企业技能人才队伍建设的意见》中指出，当前和今后一个时期，企业技能人才队伍建设的主要任务是：充分发挥企业主体作用，健全企业职工培训制度，完善企业技能人才培养、评价和激励的政策措施，建设技能精湛、素质优良、结构合理的企业技能人才队伍，在企业中初步形成初级、中级、高级技能劳动者队伍梯次发展和比例结构基本合理的格局，使技能人才规模、结构、素质更好地满足产业结构优化升级和企业发展需求。

高技能人才是企业技术工人队伍的核心骨干和优秀代表，在加快产业优化升级、推动技术创新和科技成果转化等方面具有不可替代的重要作用。为促进高技能人才培训、评价、使用、激励等各项工作的开展，上海市人力资源和社会保障局在推进企业高技能人才培训资源优化配置、完善高技能人才考核评价体系等方面做了积极的探索和尝试，积累了丰富而宝贵的经验。企业高技能人才培养的主要目标是三级（高级）、二级（技师）、一级（高级技师）等，考虑到企业高技能人才培养的实际情况，除一部分在岗培养并已达到高技能人才水平外，还有较大一批人员需要从基础技能水平培养起。为此，上海市将企业特有职业的五级（初级）、四级（中级）作为高技能人才培养的基础阶段一并列入企业高技能人才培养评价工作的总体框架内，以此进一步加大企业高技能人才培养工作力度，提高企业高技能人才培养效果，更好地实现高技能人才培养的总体目标。

为配合上海市企业高技能人才培养评价工作的开展，人力资源和社会保障部教材办公室、中国就业培训技术指导中心上海分中心、上海市职业技能鉴定中心联合组织有关行业和企业的专家、技术人员，共同编写了企业高技能人才职业培训系列教材。本教材是系列教材中的一种，由中国电信股份有限公司上海分公司负责具体编写工作。

企业高技能人才职业培训系列教材聘请上海市相关行业和企业的专家参与教材编审工作，以"能力本位"为指导思想，以先进性、实用性、适用性为编写原则，内容涵盖该职业的职业功能、工作内容的技能要求和专业知识要求，并结合企业生产和技能人才培养的实际需求，充分反映了当前从事职业活动所需要的核心知识与技能。教材可为全国其他省、市、自治区开展企业高技能人才培养工作，以及相关职业培训和鉴定考核提供借鉴或参考。

新教材的编写是一项探索性工作，由于时间紧迫，不足之处在所难免，欢迎各使用单位及个人对教材提出宝贵意见和建议，以便教材修订时补充更正。

企业高技能人才职业培训系列教材
编审委员会

第1章　CDMA 无线基站设备介绍　　PAGE 1

1.1　朗讯 BTS 基站主设备介绍 …………………………………… 3
1.1.1　9224 机柜 ……………………………………………… 3
1.1.2　9226 机柜 ……………………………………………… 10
1.1.3　9228 机柜 ……………………………………………… 12
1.1.4　9222 机柜 ……………………………………………… 13
1.1.5　9916 机柜 ……………………………………………… 14
1.1.6　9234 机柜 ……………………………………………… 16
1.2　华为基站设备介绍 ……………………………………………… 19
1.2.1　华为无线设备网络结构简介 ………………………… 19
1.2.2　华为基站硬件系统介绍 ……………………………… 20

第2章　CDMA 无线基站运行与维护　　PAGE 59

2.1　朗讯 BTS 基站运行与维护 …………………………………… 61
2.1.1　各模块故障告警及一般处理步骤 …………………… 61
2.1.2　告警处理及板件替换 ………………………………… 64
2.1.3　维修实例分析 ………………………………………… 64
2.2　华为基站近端维护及调试 …………………………………… 65
2.2.1　BTS3900 基站维护及调试 …………………………… 65
2.2.2　BTS3606 基站维护及调试 …………………………… 67
2.2.3　华为基站常见故障现象分析及处理步骤 …………… 68

第3章　C 网室内分布系统　　PAGE 81

3.1　室内分布系统介绍 ……………………………………………… 83
3.1.1　室内分布系统概述 …………………………………… 83

  3.1.2　信号源及有源设备 …………………………………………………… 85
  3.1.3　无源器件及馈线、天线 ……………………………………………… 89
 3.2　室内分布系统的维护 ……………………………………………………… 93
  3.2.1　远程监控 ………………………………………………………………… 93
  3.2.2　驻波比检测 ……………………………………………………………… 93
  3.2.3　现场信号检测 …………………………………………………………… 94
  3.2.4　室内分布系统底噪的检测 ……………………………………………… 99
 3.3　室内分布系统故障的排查 ……………………………………………… 101
  3.3.1　故障分类 ……………………………………………………………… 101
  3.3.2　故障排查 ……………………………………………………………… 101
  3.3.3　案例分析 ……………………………………………………………… 102

第4章　施工规范和安全指导　　　　　　　　　　　　　　PAGE 107

 4.1　无线通信系统室内覆盖工程施工及验收规范 ……………………… 109
  4.1.1　目的 …………………………………………………………………… 109
  4.1.2　适用范围 ……………………………………………………………… 109
  4.1.3　施工规范 ……………………………………………………………… 109
  4.1.4　验收规范 ……………………………………………………………… 115
 4.2　电信 CDMA 基站施工安装指导 ……………………………………… 115
  4.2.1　施工流程 ……………………………………………………………… 115
  4.2.2　基站机房装修 ………………………………………………………… 116
  4.2.3　配套设备安装 ………………………………………………………… 124
  4.2.4　主设备安装 …………………………………………………………… 125
  4.2.5　安全注意事项 ………………………………………………………… 131

第 1 章

CDMA 无线基站设备介绍

学习目标

- ☑ 熟悉最常用的几款朗讯 BTS 基站主设备。
- ☑ 熟悉华为无线设备的网络结构和基站硬件系统。
- ☑ 熟悉各常见站型的基本配置和最大容量。
- ☑ 掌握各站型的常用板件模块、功能及主要板件模块的指示灯含义。

第1章
CDMA 无线基站设备介绍

无线通信的覆盖是靠大量的基站呈蜂窝状结构来实现的,每个基站都有自己的覆盖区域,基站故障将影响该小区无线通信质量。维护好基站设备就能提高网络质量。而要做好基站维护工作必须先了解现网基站的各个站型、框架结构、配置容量、各模块功能,以及可能出现的各种故障及维护维修方法。

本章介绍了 C 网现网上正在运行的常用几款基站设备,并详细介绍了每个站型的基本配置、最大容量等,介绍了各个站型的常用板件模块及其功能,主要板件模块的指示灯含义。

1.1 朗讯 BTS 基站主设备介绍

现网朗讯无线基站设备站型主要有 9224、9226、9228、9222、9916、9234 等,以下章节将逐一介绍这些设备。

1.1.1 9224 机柜

1. 9224 机柜及主要配置(见图 1—1 和图 1—2)

满配置的 9224 Sub – Compact 单机柜可支持 4 载频 3 扇区,包括以下功能模块:

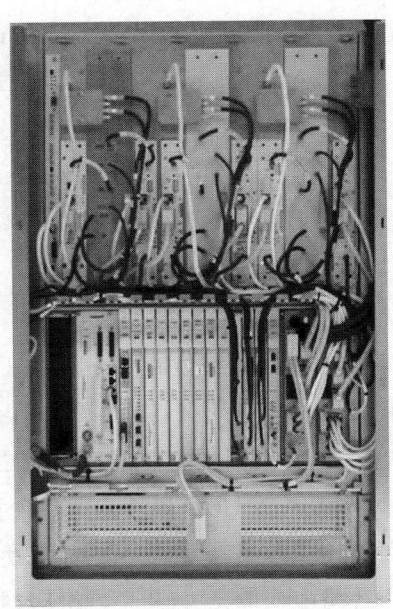

图 1—1 9224 机柜

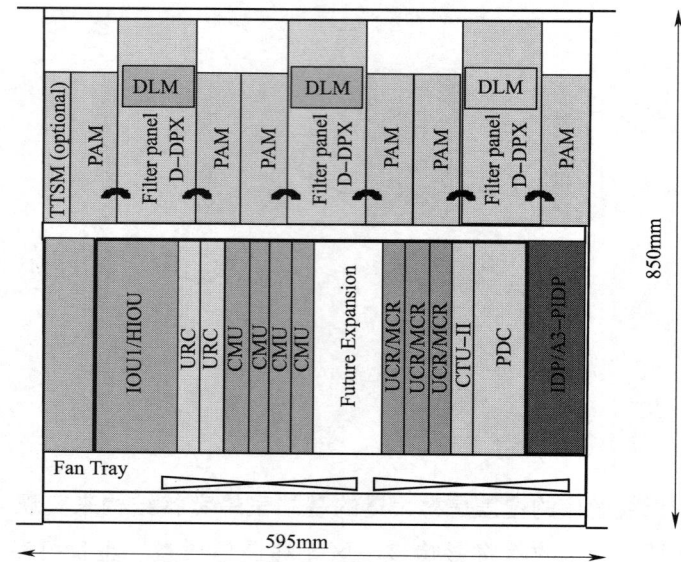

图1—2 9224机柜主要配置

（1）URC——通用无线控制器。

（2）UCR/MCR——通用CDMA无线单元（支持4载频需配置MCR）。

（3）CMU/EVM——信道板/1X增强Modem。

（4）Amplifiers（PAM）——功率放大器模块。

（5）Filter——双工滤波器。

（6）CTU–II——通用时钟单元。

（7）PDC——电源分配及转换器。

（8）H–IOU。

2．主要板件及功能介绍

（1）通用无线控制器——URC/URCII。通用无线控制器URC主要用于提供各种控制和接口功能。9224 Sub–Compact机柜最多可配置2块URC，第一块URC可用于支持3个1X载频的呼叫处理，第二块可用于支持1X增强。

1）URC。URC用于实现各种控制和接口功能，提供到E1的接口，每块URC最大可支持4条E1，主要包括如下功能模块：

线路中继单元（LIU）：LIU是基站和网络数据传输中继之间的接口。它的主要功能类似于一个路由器，控制信道单元、UMC处理器及网络间的业务和控制数据。

通用主群控制器（UMC）：UMC 用于实现 CDMA2000 基站的呼叫处理功能，如信道单元的分配和呼叫进程的处理。UMC 也承担 OA&M 的信息处理工作，包括监测并向 RNC 报告电路板的状态。

URC 的主要功能包括：

①管理到 RCS 应用的信令和控制接口，收集和传送基站的告警和状态信息。

②分配分组管路由至适合的处理模块。

③提供到 4 条 E1 的接口。

④经由分组总线在 CCU 和 E1 之间传送语音和数据。

⑤通过外围总线控制基站硬件。

⑥在 RCS 控制下执行基站一级的呼叫处理、操作维护和故障恢复、初始化等功能。

URC 的呼叫处理能力：每块 URC 最大可支持 3 个 1X 载频或 1 个 1X 增强载频，不同配置的 URC 能支持的最大呼叫处理能力见表 1—1。

表 1—1 　　　　　　　　　　URC 处理能力

URC 数量	语音呼叫处理能力
1 个 URC1.0	420 个语音接入
2 个 URC1.0	920 个语音接入

2）URC–II。URC–II 的主要功能与 URC 相似，只是拥有更大的容量，每块 URC–II 可支持 5 个 1X 载频或 3 个 1X 增强载频。每块 URC–II 能够支持 8 条 E1。URC–II 支持各种传输协议，包括帧中继、ATM、IP 分组，支持菊花链连接方式。URC–II 最大可同时支持 730 个呼叫接入。

（2）通用无线单元—UCR/MCR。通用无线单元（UCR/MCR）执行无线处理功能，包括峰值限制、超载控制，以及上/下变频到适当地 RF 频点，UCR/MCR 可支持 CDMA1X 和 1X 增强应用。通用无线单元包括两种类型的电路板：

UCR：5 MHz 的无线单元，能够支持 3 个连续的 1X 频点。9224 Compact 基站最多可配置 3 块 UCR，每块 UCR 可支持 3 载频 1 扇区。

MCR：15 MHz 的无线单元，可支持连续 8 个 CDMA 频点。使用 MCR 后，单机柜的 9224 Compact 基站最大可支持 4 载频 3 扇区（见图 1—3）。

1）UCR 概述。UCR 是一个 5 MHz 的无线单元，它为放大器的非线形传输特性提供补偿，并执行 CDMA 信号的基本调制解调。

2）UCR 特性

①基带发射耦合和接收分极。

②调制和 RF 上行变换到发射路径，同时在两个接收路径上（分极接收）独立进行 RF 下行变换和解调，分极队列由 CMU 处理。

③（在软件控制下）调制到任何允许的信道。

④经由软件控制可调整输出功率的范围为 –25 ~ 10 dBm。

3）MCR 特性

①15 MHz 带宽，可支持连续 8 个 CDMA 频点。

②使用与 UCR 相同的背板。

③集成了 TDU 功能。

④集成了 CLGC 宽带功率测试器。

⑤MCR 和 UCR 在同一个机柜中不能混用。

（3）CDMA 信道板—CMU。CDMA 信道板（CMU）负责建立 CDMA 的业务/开销信道，并监测它们的状态。CMU 通过防火墙总线与 URC 通信，并根据 URC 的指令完成 CDMA 呼叫处理。

CMU 处理来自 UCR 的接收路径（上行链路）数据，并将发射路径（下行链路）数据送到 URC 处理。CMU 同时集合来自其上所有 CE 的信令，转送到 UCR，UCR 负责集合来自所有 CMU 的信令。

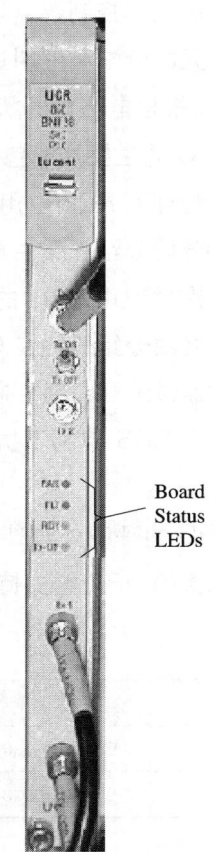

图 1—3　UCR 板卡

CMU 板按照其包含的信道单元（CE）数量分为 2 种类型：CMU – Ⅳ（CMU128）和 CMU – Ⅴ（CMU256）。

9224 Sub – Compact 机柜最多可有 4 个槽位安装 CMU，CMU 支持不同扇区载频间的信道单元共享。

1）CMU 概述。CMU 是含有信道单元（CE）的电路板，支持的声码器种类可为 8K、EVRC 或 13K，支持 CDMA 1X。

CMU – Ⅳ 由 2 块 BCP 2.0 ASICs 芯片组成，能够提供 128 个 CE。CMU – Ⅴ 由 4 块 BCP 2.0 ASICs 芯片组成，容量是 CMU – Ⅳ 的两倍，能够提供 256 个 CE。

大容量的 CMU 信道卡通过增加板卡的集成度减少槽位使用以及每一个 CE 的功耗。信道闭锁功能有效地减少客户的初始投资，随容量需求增加购买新的 CE。

2）信道单元（CE）。1 个 CE 含有必要的电路以执行前向和反向链路的 CDMA 扩频处理。每个 CE 可以被分配为不同的类型去执行下列 1 个或多个功能：

①导频信道。

②同步信道。

③寻呼信道。

④快递寻呼信道。

⑤接入信道。

⑥基本信道或话务（用户）信道。

⑦补充信道。

正交信道噪声源—在特定的级别对 CDMA 话务进行仿真，因此 CDMA 系统容量可以在实际的背景噪音和其他 RF 辐射区域进行测量。

3）CMU 共享。9224 Sub–Compact 支持 CMU 共享，每个 64CE 块最大支持到 6 扇区载波，每块 CMU–V 最大支持到 24 扇区载波共享：

①8 载波/3 扇区。

②4 载波/6 扇区。

③12 载波/2 扇区。

④24 载波/1 扇区。

这种共享有效地提高了系统的性能，同时可以减少低负荷下多载频站需要配置的信道板数量，节省运营商的投资。

SB–EVM：1X 增强专用调制解调器，每块 SB–EVM 支持 1 载频 3 扇区的 1X 增强。

（4）功率放大器模块—PAM。9224 Sub–Compact 的发射路径是由功率放大器模块【PAM】构成的。放大器放大 MCR 的输出功率以达到基站规范的要求。

9224 Sub–Compact 支持的 PAM：C2PAM，支持 2 载频 1 扇区。

每个 9224 Sub–Compact 机柜最多可配置 6 块 C2PAM。

（5）双双工滤波器—Dual Duplex Filter。朗讯基站配置的是双双工滤波器，它将两个独立的双工滤波器组合在一个功能单元中。双双工滤波器的宽度与两个独立双工滤波器相同，但减轻了重量。9224、9226、9228、9916 最大可配置 3 个双双工滤波器，每个扇区需要一个双双工滤波器。

(6) 通用时钟单元——CTU-II。通用时钟单元是参考频率和基准时钟单元,它接收 GPS 的时钟信号,保持基站与系统中的其他基站间的同步。CTU-II 将晶振模块 (OM) 的时钟转换为 CDMA 时钟(19.660 8 MHz),并根据 GPS 信号校准 OM 频率。CTU 控制 OM 以维持 15 MHz 的信号。当来自 GPS 卫星的时钟信号有故障时,CTU 可从内部振荡器提供 8~24 h 的参考频率。

(7) 通用电源转换单元——PDC。通用电源转换单元 PDC 为 9224 Sub-Compact 提供电源分配,其输入电压为 -48VDC。输出电压为 1.5 V、3.3 V、5.0 V、8.0 V、15.0 V 等各档电压。

(8) 输入/输出单元——H-IOU。输入/输出单元(H-IOU)提供连接 URC 的以太网口,同时提供 E1 端口、用户告警、机柜告警,并连接与放大器、滤波器通信的总线。9224 Sub-Compact 最多可支持 8 条 E1。

3. 主要板件各指示灯、状态灯含义

基站的告警在基站端可以通过各种板件的指示灯显示出来,也可以通过主控板将告警信息收集起来送到 MSC。

基站指示灯:

(1) CTU(见表 1—2)

表 1—2　　　　　　　　　　　　CTU 说明

指示灯/颜色	情况
FAIL(red)出错(红灯)	CTU 出错
NVM(yellow)(黄灯)	进程中的相关情况(例如:NVM 下载)
RDY(green)就绪(绿色)	CTU 能够接收时钟信号,且 OM 和 GPS 正在正常运行
OM FAIL(red)晶振出错(红灯)	OM 出错
FLY EX(red)超出飞轮时间(红灯)	CTU 已超出最大飞轮时间
LOCK GPS(green)锁定(绿灯)	GPS 锁定卫星信号

(2) OM(见表 1—3)

表 1—3　　　　　　　　　　　　OM 说明

指示灯/颜色	情况
FAIL(red)出错(红灯)	出错
RDY(green)就绪(绿灯)	就绪,指示至少六个相似时钟输出中的一个正在运行

(3) URC（见表 1—4）

表 1—4　　　　　　　　　　　URC 说明

指示灯/颜色	情况
FAIL（red）出错（红灯）	板块出错
NVM（yellow）（黄灯）	NVM 升级
RDY（green）就绪（绿色）	URC 可使用
L1（red）	T1/E1 线出错
L2（red）	T1/E1 线出错
L3（red）	T1/E1 线出错
L4（red）	T1/E1 线出错

(4) CMU（见表 1—5）

表 1—5　　　　　　　　　　　CMU 说明

指示灯/颜色	情况
FAIL（red）出错（红灯）	CMU 已诊断出错，一个或多个 CE 初始化出错，或者另外一个部件初始化出错
NVM（yellow）（黄灯）	NVM 升级
RDY（green）就绪（绿色）	CCU 正常运行且至少一个 CE 可运行

(5) IOU（见表 1—6）

表 1—6　　　　　　　　　　　IOU 说明

指示灯/颜色	情况
PWR ON（green）电源正常（绿灯）	电源工作正常

(6) UCR（见表 1—7）

表 1—7　　　　　　　　　　　UCR 说明

指示灯/颜色	情况
FAIL（red）出错（红灯）	出错
FLT（yellow）报错（黄灯）	报错（NVM 下载时不亮灯）
RDY（green）就绪（绿灯）	就绪
TX ON（green）传导中（绿灯）	正在传导

（7）MCR（见表1—8）

表1—8　　　　　　　　　　　　MCR 说明

指示灯	标签	状态	含义
红色—保持	出错	出错	表示无线信号在出错状态
红色—闪烁	出错	出错	表示部分出错
黄色—闪烁	繁忙	繁忙	此模块正处在软件下载中
黄色—保持	繁忙	就绪	无线信号已成功完成 BLST，并准备处理呼叫，但无射频信号输出
绿色—保持	就绪	射频信号输出开（若无部分出错情况）	无线信号正在发射，当 Tx 已经处于开的状态，并且一个或两个 Tx 端口处于发射射频信号状态时，状态有效

（8）TxAMP（见表1—9）

表1—9　　　　　　　　　　　　TxAMP 说明

指示灯/颜色	情况
ALM（red）警示灯（红灯）	警示—根据出错情况出现不同频率的闪烁
ACT（green）正常（绿灯）	有效运行中

当基站出现问题时，会触发告警机制将错误信息显示在 SDP 或 OMC–RAN 上，同时基站相应的告警指示灯也会告警。

多数情况下，系统的恢复机制会自动检测错误，诊断并试图自动恢复。当系统不能自动恢复时，则需要人工干预。

发现问题的途径：ROP，SDP。

ROP 文件记录系统中发生的各类事件，每天自动产生，存放在 OMP 中的/omp–data/logs/OMPROP1/目录下。

1.1.2　9226 机柜

1. 9226 机柜及主要配置（见图1—4）

满配置的 9226 Compact 基站主机柜可支持 4 载频 3 扇区，包括以下功能模块：

第 1 章
CDMA 无线基站设备介绍

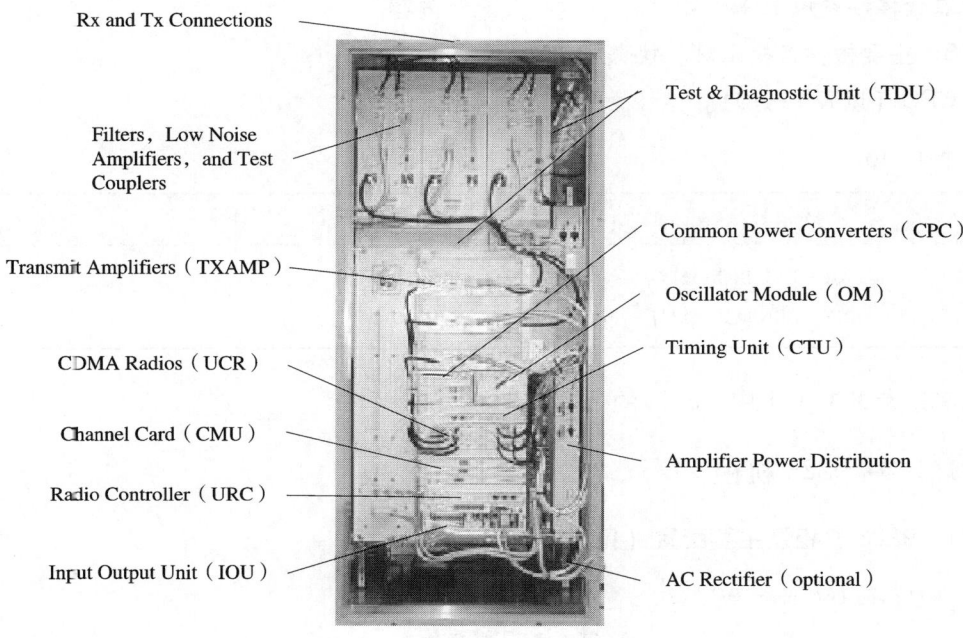

图 1—4 9226 机柜

(1) URC/URC II—通用无线控制器。

(2) UCR/UCRe/MCR—通用 CDMA 无线单元（支持 4 载频需配置 MCR）。

(3) CMU/EVM—信道板/DO Modem。

(4) Amplifiers（PAM）—功率放大器模块。

(5) Filter—双工滤波器。

(6) 1 OM—晶振模块。

(7) 1 CTU/CTU –II—通用时钟单元。

(8) CPCA & 2 CPCB—电源转换器。

(9) 1 H –IOU。

2. 主要板件及功能介绍

通用电源转换单元—CPC。通用电源转换单元（CPCA & CPCB）为 9226 各数字模块提供电源分配，其输入电压为 –48 VDC，支持 1 +1 的冗余部分配置。9226 提供两种类型的电源转换：

(1) CPCA：输出电压为 3.3 V，5.0 V。

(2) CPCB：输出电压为 1.5 V，8.0 V，15.0 V。

其余模块参见 1.1.1 中"2."的相关章节内容。

3. 主要板件各指示灯、状态灯含义

CPC（见表 1—10）。

表 1—10　　　　　　　　　　　CPC 说明

指示灯/颜色	情况
FAIL – RED 出错—红灯	出错
RDY – GRN 就绪—绿灯	就绪

其余参见 1.1.1 中"3."的相关章节内容。

1.1.3　9228 机柜

1. 9228 机柜及主要配置（见图 1—5）

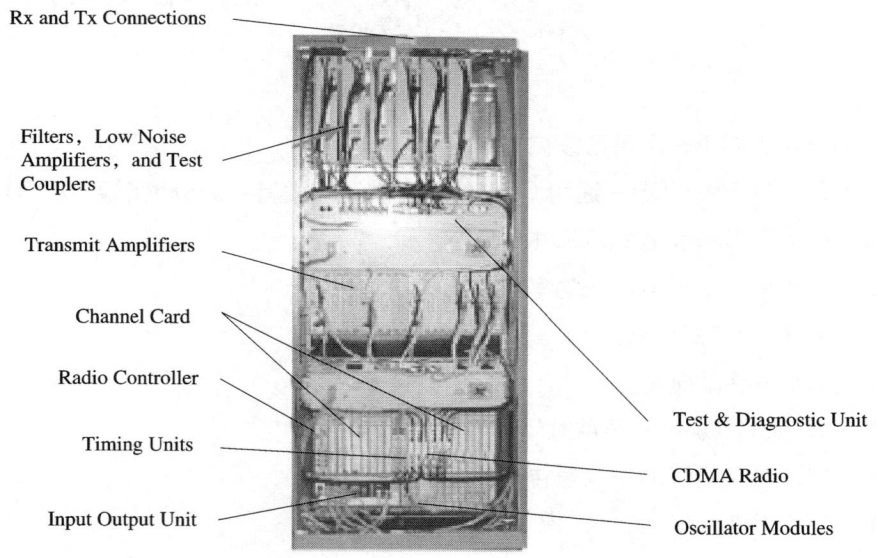

图 1—5　9228 机柜

满配置的 9228 Macro 包括以下功能模块：

（1）URC/ URC -Ⅱ—通用无线控制器。

（2）6 UCR/MCR—通用 CDMA 无线单元。

（3）12 CMU/EVM—信道板/1X 增强 Modem。

(4) 12 Amplifiers（PAM）—功率放大器模块。

(5) Filter—双双工滤波器。

(6) 2 OM—晶振模块。

(7) 2 CTU/CTUII—通用时钟单元。

(8) 2 CPCA & 2 CPCB—电源转换器。

(9) 1 IOU。

2. 主要板件及功能介绍

参见1.1.1中"2."的相关章节内容。

3. 主要板件各指示灯、状态灯含义

参见1.1.1中"3."的相关章节内容。

1.1.4　9222 机柜

1. 机柜及主要配置（见图1—6 和图1—7）

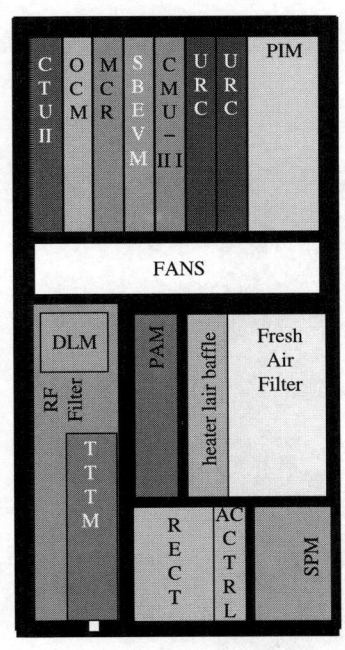

图1—6　9222 配置

图1—7　9222 机柜

满配置的9222 Micro 机柜可同时支持1 扇区的6 个1X 载频和1 个1X 增强载频，或者2 个1X 增强载频，包括以下功能模块：

(1) URC/URC II—通用无线控制器。
(2) 1 MCR—通用 CDMA 无线单元（支持多载频）。
(3) 1 OCM—光纤连接模块。
(4) 1 CTU –II—通用时钟单元（集成了晶振模块）。
(5) 2 CMU/EVM—信道板/1X 增强 Modem。
(6) 1 Amplifiers（C2PAM）—功率放大器模块。
(7) 1 Filter，DLM—双工滤波器，双低噪放模块。
(8) 1 SPM—信号保护模块。
环境控制—风扇、加热器和空气滤波器（适用于室外）。

2. 主要板件及功能介绍

参见 1.1.1 中"2."的相关章节内容。

3. 主要板件各指示灯、状态灯含义

参见 1.1.1 中"3."的相关章节内容。

1.1.5　9916 机柜

1. 机柜及主要配置（见图1—8和图1—9）

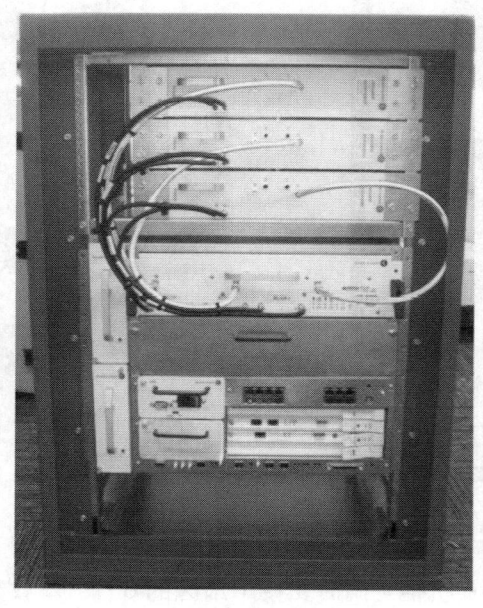

图1—8　9916 机柜

第1章 CDMA 无线基站设备介绍

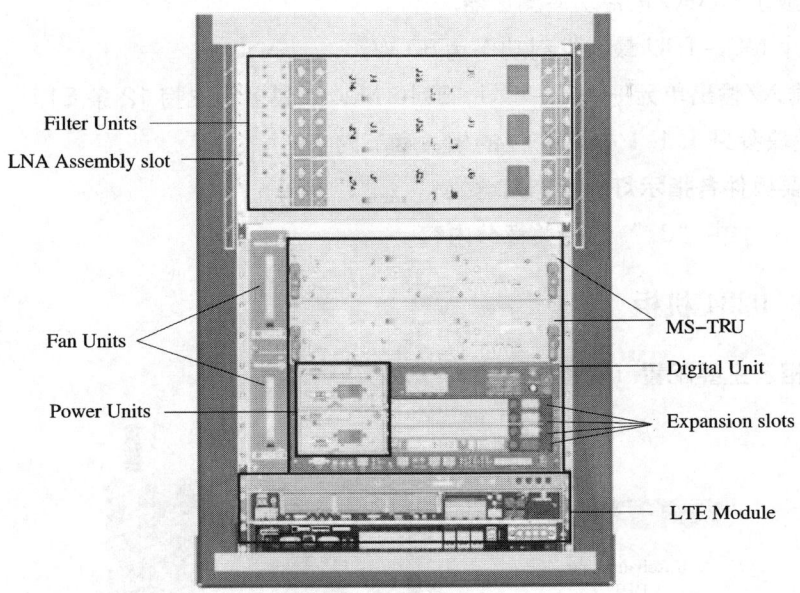

图 1—9　9916 配置

满配置的 9916 Macro 单机柜可支持 8 载频 3 扇区，包括以下功能模块：

（1）数字单元，其中包括：

1）母板（集成了 URC – C、CMU – V、通用时钟单元、输入输出模块）。

2）控制板。

3）信道板。

（2）MS – TRU（集成了 Radio 和功放）。

（3）滤波器。

2．主要板件及功能介绍

（1）多扇区收发信单元——MS – TRU。多扇区收发信单元 MS – TRU 执行无线处理功能和功率放大功能。包括峰值限制、超载控制，以及上/下变频到适当的 RF 频点。MS – TRU 可支持 CDMA1X 和 HRPD 应用。MS – TRU 的功放功能可以放大无线单元的输出功率，以达到基站规范的要求。一块 MS – TRU 可同时支持 3 个扇区。

MS – TRU 具有下列特性：

1）15 MHz 带宽，可支持连续 8 个 CDMA 频点。

2）使用与 UCR 相同的背板。

3）集成了 TDU 功能。

4) 集成了 CLGC 宽带功率测试器。

5) 每个 MS-TRU 最大发射功率为 80 W。

(2) 输入/输出单元——H-IOU。9916 Macro 最多可支持 12 条 E1。

其余模块参见 1.1.1 中 "2." 的相关章节内容。

3. 主要板件各指示灯、状态灯含义

参见 1.1.1 中 "3." 的相关章节内容。

1.1.6　9234 机柜

1. 机柜及主要配置（见图 1—10）

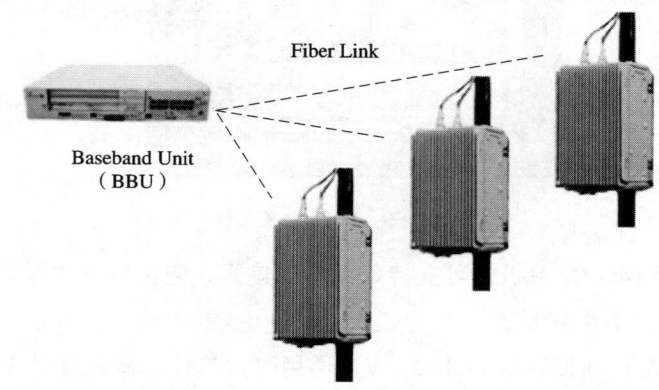

图 1—10　9234 机柜

9234 设备由 BBU 和 RRH 组成，主要目标应用：

(1) 增加室外热点覆盖及容量。

(2) 为室内分布系统提供信号源。

(3) 公路、地铁、高架道路等无机房建设的区域覆盖。

(4) 不规则区域的、通过光纤实现灵活的覆盖。

(5) 机房空间紧张、条件不理想的站址。

2. 主要板件及功能介绍

(1) 9234 d2U Distributed 分布式基站——BBU（见图 1—11）。

BBU 主板集成了多种数字功能：

1) URC-Ⅱ：主控制器（UMC）和线路接口单元（LIU）功能。

2) CTU-Ⅱ：通用时钟功能。

3) OCM-Ⅱ：远端射频单元 RRH 的接口功能。

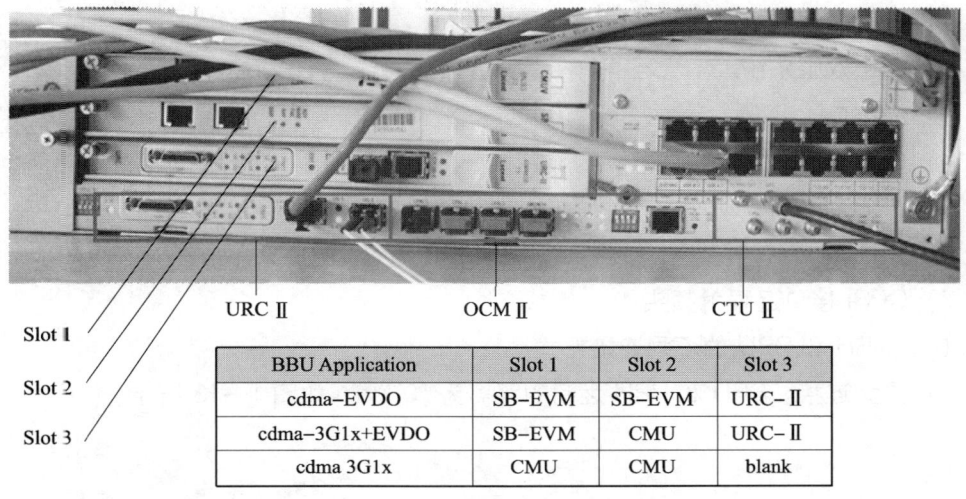

BBU Application	Slot 1	Slot 2	Slot 3
cdma-EVDO	SB-EVM	SB-EVM	URC-Ⅱ
cdma-3G1x+EVDO	SB-EVM	CMU	URC-Ⅱ
cdma 3G1x	CMU	CMU	blank

图1—11 9234BBU

4）容量：支持2x256 CE 信道卡（CMU – V）/2xEV—DO Rev A SBEVM，支持CMU 与 SB – EVM 混插。

5）传输接口：支持CPRI 光接口，支持 E1/Ethernet 传输接口和 IP 传输，支持远端模块能力，支持3 个射频拉远单元，计划支持3 级级联。

（2）9234 d2U Distributed 分布式基站 – RRH，如图1—12 所示。

图1—12 9234RRH

RRH 是一个单扇区的无线电模块,包括以下组成部分:

1) 放大器。

2) 一个双工系统。

3) 光接口。

4) 电源系统。

5) RRH 提供 40 W LTA。

6) RRH 是户外产品,工作温度范围为 -40 ~ +50℃,采用自然对流冷却。

7) CPRI 接口远程射频头。

(3) RRH 和 BBU 的不同连接方式

1) 星型连接。BBU 和 RRH 之间的距离为 20 km,如图 1—13 所示。

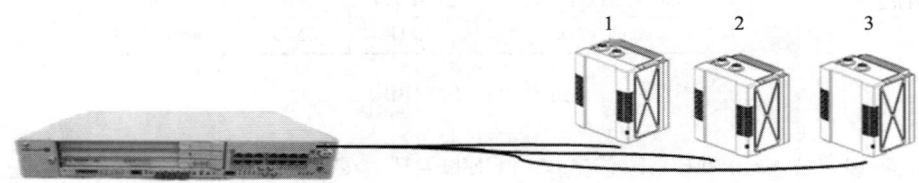

图 1—13 星型连接

2) 链形型连接。BBU 和 RRH 之间单跳的距离为 20 km,最远距离 40 km,如图 1—14 所示。

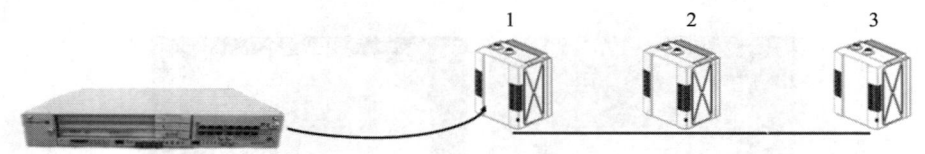

图 1—14 链形型连接

RRH 共享同一载扇容量如图 8—15 所示。

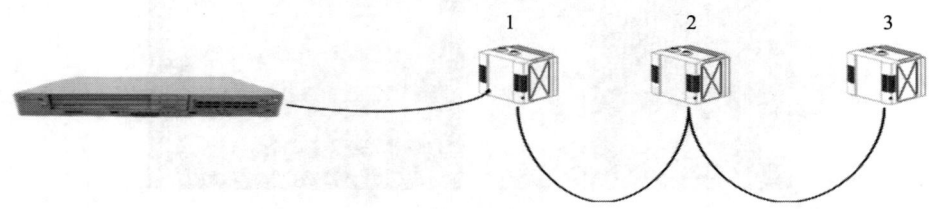

图 1—15 RRH 共享同一载扇容量

其余模块参见 1.1.1 中"2."的相关章节内容。

3. 主要板件各指示灯、状态灯含义

参见 1.1.1 中"3."的相关章节内容。

1.2 华为基站设备介绍

1.2.1 华为无线设备网络结构简介（见图 1—16）

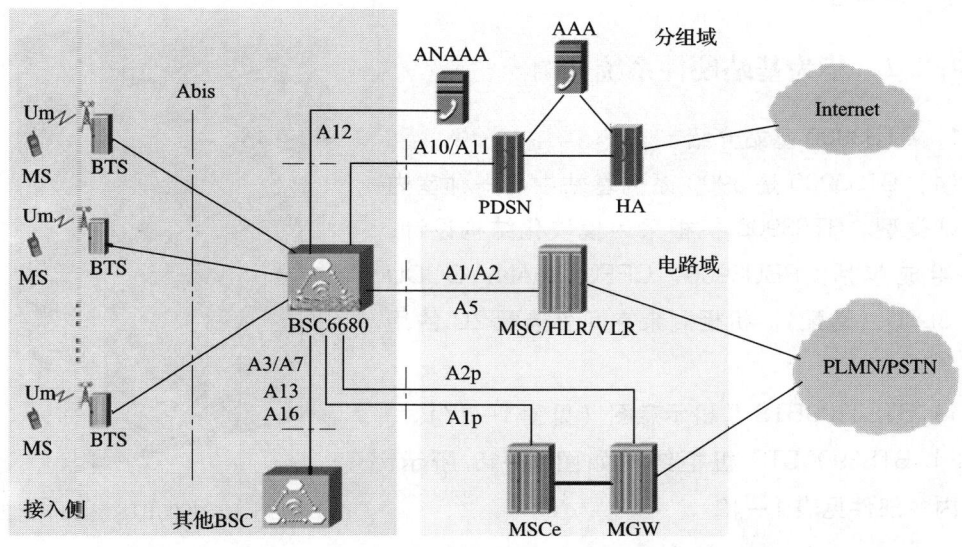

图 1—16 华为无线设备网络结构

1. 无线设备中英文网元名（见表 1—11）。

表 1—11　　　　　　　　　　网元名

BTS：基站收发信台	BSC：基站控制器
MSC：移动交换中心	PDSN：分组数据服务节点
MSCe：分组化移动交换中心	MGW：媒体网关
VLR：拜访位置寄存器	HA：本地代理
HLR：归属位置寄存器	AAA：鉴权、授权和计费中心
PLMN：共用陆地移动通信网	PSTN：公共交换电话网

2. 无线侧重点网元介绍

（1）BSC。基站控制器。主要负责 BTS 的控制和管理、建立和拆除呼叫连接、功率控制、无线资源管理，通过软/硬切换为上层业务提供稳定可靠的无线连接。

（2）BTS。基站收发台。服务于某小区的无线收发信设备，实现 BTS 与移动台（MS）的空中接口功能。一个完整的 BTS 包括无线发射/接收设备、天线和所有无线接口特有的信号处理部分。BTS 可看作一个无线调制解调器，负责移动信号的接收和发送处理。

（3）PCF。分组控制功能实体。在具体实现时，PCF 可以与 BSC 合设，此时 A8/A9 接口变成的内部接口。PCF 通过 A10/A11 接口与 PDSN 进行通信，其接口通常也称为 R－P 接口。

1.2.2 华为基站硬件系统介绍

1. BTS3900 基站介绍

（1）BTS3900 是 3900 系列基站中的一种室内宏基站类型。BTS3900 机柜采用模块化结构设计，主要组成包括：BBU3900、CRFU、FAN、DCDU 以及 SLPU（选配）。机柜剩余空间可选配 2U 的用户设备。

1）BTS3900BTS 整机示意图（见图 1—17）。

2）BTS3900BTS 机柜结构如图 1—18 所示，机柜内各部件见表 1—12。

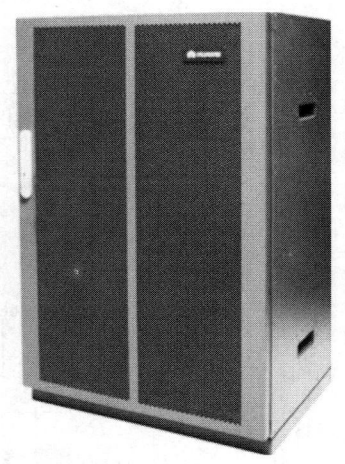

图 1—17 BTS3900BTS 整机示意图

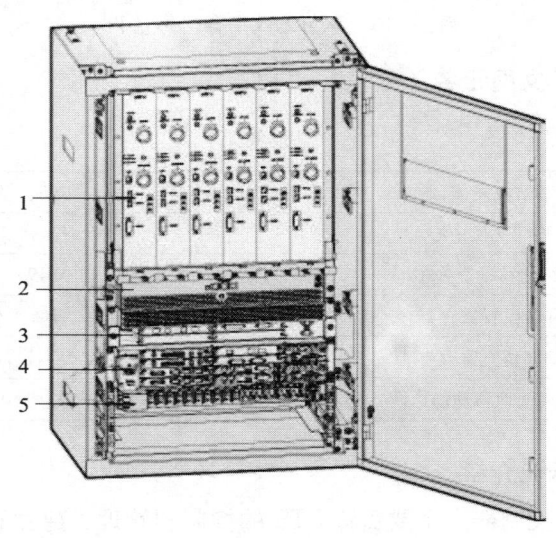

图 1—18 BTS3900BTS 机柜结构图

表1—12　　　　　　　　　　　　　机柜结构

部件	描述
1 – CRFU	宏基站射频单元
2 – FAN	风扇单元
3 – SLPU（选配）	通用信号防雷单元
4 – BBU3900	基带单元
5 – DCDU	直流配电单元

3）整机指标见表1—13。

表1—13　　　　　　　　　　　　　整机指标

项目	指标	
尺寸（高×宽×深）	900 mm×600 mm×450 mm	
机柜重量	满配置≤160 kg	
整机功耗	配置	典型配置最大功耗
	S（1/1/1）	640 W
	S（4/4/4）	1 320 W
工作环境温度	−10 ~ +55℃	
工作环境相对湿度	5% ~ 95%	
噪声	≤65 dBA	

4）BTS性能指标见表1—14。

表1—14　　　　　　　　　　　　　BTS性能指标

项目	指标
工作频段	0，6
信号精度	30 kHz（频0）
	50 kHz（频6）
频率容限	$\pm 0.05 \times 10^{-6}$ MHz
最大发射功率	≤60 W（4载波）
接收信号灵敏	优于−128 dBm（RC3，主、分集接收）（频0）
	优于−127 dBm（RC3，主、分集接收）（频段6）

5) 可靠性指标见表 1—15。

表 1—15　　　　　　　　　　　　可靠性指标

项目	指标
有效性	≥99.999%
MTBF（平均故障间隔时间）	≥100 000 h
MTTR（平均维修时间）	≤1 h

（2）BTS3900 功能模块概述。CDMA BBU3900 基带子系统、CDMA CRFU 射频子系统、电源子系统等，具体见图 1—19 和表 1—16。

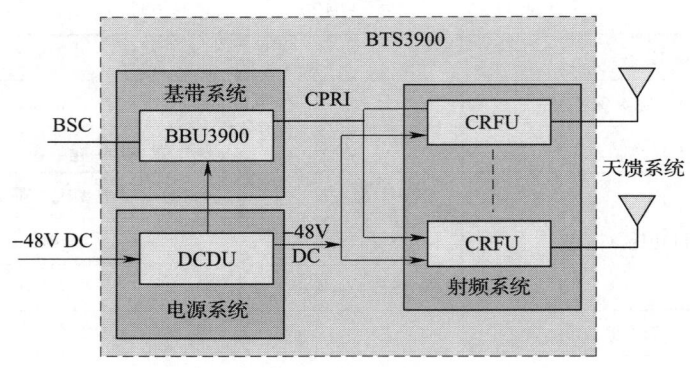

图 1—19　BTS3900 功能模块

表 1—16　　　　　　　　　　　　BTS3900 功能模块

模块	主要功能	硬件结构
CDMA BBU3900 基带子系统	1）提供对外接口。Abis 接口：用于处理 Abis 接口信令和业务；CPRI 接口：提供 BBU 和 RRU 之间的接口，完成 Um 接口物理层和公共信道 MAC 层协议处理功能；基带子系统通过 CMPT 提供的 E1/T1/FE 接口接入传输系统，以连到 BSC 设备；通过 HCPM/HECM 提供的 SFP 接口与射频模块 RRU/RFU 或 ODU 软基站相连 2）完成 CDMA 1X 和 CDMA 1xEVDO 基带数据的调制解调、CDMA 信道的编码解码功能 3）提供系统同步时钟信号 4）完成系统的资源管理、操作维护和环境监控功能	BBU3900 硬件结构

续表

模块	主要功能	硬件结构
CDMA CRFU 射频子系统	1）通过天馈接收射频信号，将接收信号下变频至中频信号，并进行放大处理、模数转换、数字下变频、匹配滤波等处理后发送给 BBU3900 或宏基站进行处理 2）接收上级设备（BBU3900 或宏基站）送来的下行基带数据，并转发级联 CRFU 的数据，将下行扩频信号进行成形滤波、数据转换、射频信号上变频至发射频段处理 3）提供射频通道接收信号和发射信号复用功能，可恒接收信号与发射信号共用一个天线通道，并对接收信号和发射信号提供滤波功能	CRFU 硬件结构
CDMA BTS3900 机柜中的附件	电源 DCDU 子系统： 1）支持 1 路 −48 V DC 电源输入，10 路 −48 V DC 电源输出 2）为机柜内的 BBU 模块、CRFU 模块、FAN 模块、用户设备提供电源输入 3）DCDU 模块内置的防雷板支持差模 10 kA、共模 15 kA 的防雷能力	DCDU 硬件结构
	外部通用信号防雷单元 SLPU：为 BBU3900 提供 E1/T1/FE 防雷功能	SLPU 硬件结构

(3) BBU3900 硬件配置情况

1) BBU3900 硬件规格如图 1—20 所示，具体参数见表 1—17。

2) BBU 硬件结构如图 1—21 所示，具体板件对应槽位名称如图 1—22 所示。

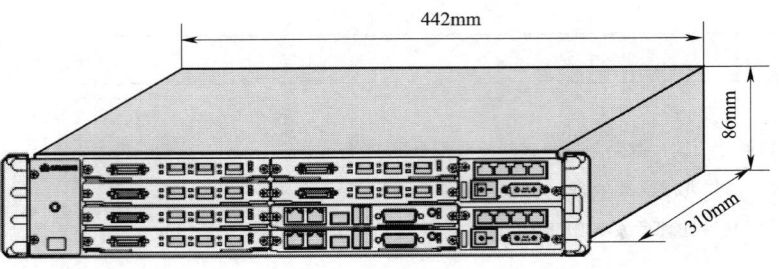

图1—20 BBU3900 硬件规格

表1—17　　　　　　　　BBU3900 硬件规格

指标	BBU3900
规格	442 mm×86 mm×310 mm
重量	空机柜（包含 FAN 和 UPEU）≤8 kg，满配置≤11 kg
输入电压	+24 V DC 或 −48 V DC
功耗	满配置≤250 W

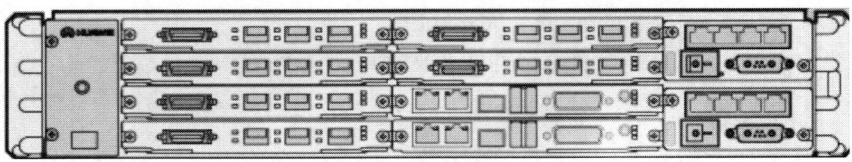

图1—21 BBU 硬件结构

FAN	HCPM/HECM	0	HCPM/HECM/UTRP/UELP/UFLP	4	UPEU	0
	HCPM/HECM/USCU	1	HCPM/HECM/UTRP/UELP/UFLP/USCU	5		
	HCPM/HECM/USCU	2	CMPT/USCU	6	UPEU	1
	HCPM/HECM	3	CMPT	7		

图1—22 BBU 硬件结构槽位图

3）CMPT 单板介绍。该板件全称 CDMA Main Processing & Transmission Unit 主控传输模块。

输入电压：12 V DC。

功耗：≤25 W。

配置说明：每个 BBU 最多配置 2 块 CMPT，支持 1+1 备份，配置在 6、7 槽位，编号为 CMPT0 和 CMPT1。

单板功能见表 1—18。

表 1—18　　　　　　　　　　　CMPT 单板功能

功能	介绍
OM 功能	实现对 BBU 的维护、配置及管理功能
时钟功能	根据不同的时钟源，产生基站统一的系统参考时钟。产生帧号、帧定时和时间信息等定时信息。为整个 BTS 提供时间和时钟参考信息
接口功能	提供 Abis 物理接口，支持 E1/T1/FE 三种传输方式，支持 ATM/IP 两种传输模式。实现与 BSC 间的信令和业务数据的传输
信令处理功能	为 BTS 提供信令处理功能
监控功能	提供 CANBUS 模块，用于加载主控板 BOOTROM、CPLD；对主控板进行温度、电压等的监控；实现对主控板的电源控制（上下电、复位与在位检测功能）；提供 2 路 CAN 总线与其他业务板的 CAN 模块通信

CMPT 面板指示情况如图 1—23 所示，其对应接口见表 1—19。

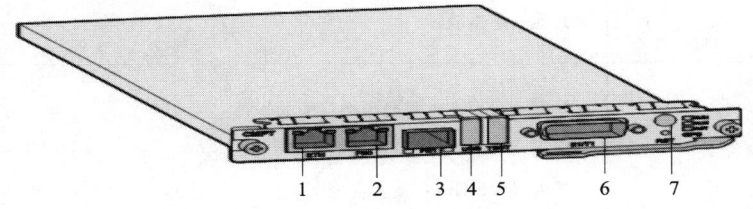

图 1—23　CMPT 面板指示

表 1—19　　　　　　　　　　　CMPT 面板指示

接口	连接器	描述
1 – ETH	RJ45	调测接口
2 – FE0	RJ45	为 BBU 提供与 BSC 间的 FE 电接口
3 – FE1	SFP	为 BBU 提供与 BSC 间的 FE 光口
4 – USB	USB	保留

续表

接口	连接器	描述
5-TEST	USB	时钟测试接口
6-E1/T1	DB26	为BBU提供与BSC间的4路E1/T1接口。当配置UELP时,与UELP的INSIDE接口相连
7-GPS	SMA	GPS信号输入接口

注:FE0和FE1不能同时使用,E1/T1可与FE0/FE1同时使用。

CMPT面板指示灯含义见表1—20。

表1—20　　　　　　　　　　CMPT面板指示灯含义

指示灯	含义
RUN指示灯	常亮:有电源输入,单板存在故障 常灭:无电源输入或单板处于故障状态 快闪(4 Hz):单板处于加载状态 慢闪(0.5 Hz):单板运行正常 慢闪(0.25 Hz):单板进入测试状态 其他:单板故障
ALM指示灯	常亮:单板产生需要更换单板的告警 快闪(4 Hz):紧急告警 慢闪(0.5 Hz):重要告警 慢闪(0.25 Hz):一般告警 常灭:无告警
ACT指示灯	常亮:主用状态 常灭:备用状态

4)UTRP单板介绍。该板件全称Universal Extension Transmission Processing Unit,通用扩展传输处理单元。

输入电压:+12 V DC。

功耗：≤20 W。

功能：当 CMPT 提供的传输资源不足时，可配置 UTRP 单板来扩展传输资源。UTRP 现阶段仅提供 E1/T1 接口，仅支持 IP over E1/T1 传输模式。每个 UTRP 可提供 8 路 E1/T1。

配置说明：每个 BBU 最多配置 2 块 UTRP，支持负荷分担或 1+1 备份模式。

新建站如果超过 4E1/T1，则直接使用扩展传输板 UTRP 上的 E1/T1 资源。扩容后如果超过 4E1/T1，则主控传输板上的 4E1/T1 仍继续使用，不够部分使用扩展传输板上的 E1/T1 资源。

UTRP 面板指示情况如图 1—24 所示，其对应接口见表 1—21。

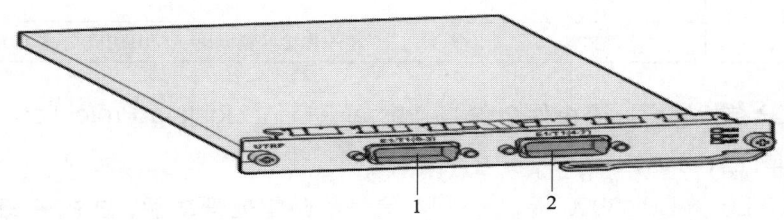

图 1—24 UTRP 面板

表 1—21　　　　　　　　　　　　UTRP 面板

接口	连接器	描述
1 – E1/T1 (0 – 3)	DB26	4 路 E1/T1 接口
2 – E1/T1 (4 – 7)	DB26	4 路 E1/T1 接口

5）HCPM 单板介绍。该板件全称 HERT Channel Processing Module，1X 信道处理板。

输入电压：+12 V DC。

功耗：≤20 W。

功能：承担 1X 业务各种前向信道、反向信道业务数据处理任务。

配置说明：具有前向 285 个 CE，反向 256 个 CE 的处理能力；使用一片 Qualcomm CSM6700 芯片；一块 HCPM 单板最大支持 12 扇区载频；一个 BBU3900 中最多配置 6 块 HCPM 单板。

HCPM 面板指示情况如图 1—25 所示，其对应接口见表 1—22。

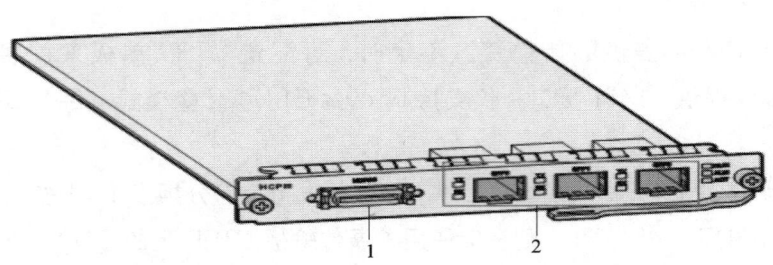

图 1—25　HCPM 面板

表 1—22　　　　　　　　　　　　　　　HCPM 面板

接口	连接器	描述
1 – MDR26	—	保留
2 – SFP	SFP	用于连接射频模块（RRU/RFU）或 ODU

6）UELP 单板介绍。该板件全称 Universal E1/T1 Lighting Protection Unit，通用 E1/T1 防雷单元（可选）。

功能：UELP 为 BBU3900 提供 E1/T1 信号的防雷处理功能，支持 4 路 E1/T1 防雷。

配置说明：每个 BBU 最多配置 2 块 UELP。

注意：当 BBU3900 配置 UTRP 时，不能同时在 BBU 内配置 UELP。UELP 可以配置在 SLPU 中。

UELP 面板指示情况如图 1—26 所示，其对应接口见表 1—23。

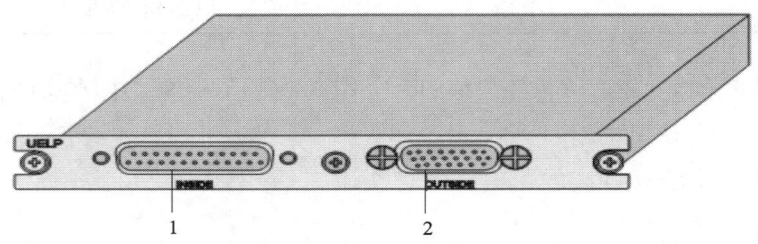

图 1—26　UELP 面板

表 1—23　　　　　　　　　　　　　　　UELP 面板

接口	连接器	描述
1 – INSIDE	DB25	支持 4 路 E1/T1，用于连接 CMPT
2 – OUTSIDE	DB26	支持 4 路 E1/T1，用于连接外部传输设备

7) UFLP 单板介绍。该板件全称 Universal FE/GE Lighting Protection Uni，通用 FE/GE 防雷单元（可选）。

规格：230.5 mm（长）×144.4 mm（宽）×20.32 mm（高）。

功能：UFLP 为 BBU3900 提供 FE/GE 信号的防雷处理功能，支持 2 路 FE 防雷。

配置说明：每个 BBU 最多配置 2 块 UFLP。

注意：当 BBU3900 配置 UTRP 时，不能同时在 BBU 内配置 UFLP。UFLP 可以配置在 SLPU 中。

UFLP 面板指示情况如图 1—27 所示，其对应接口见表 1—24。

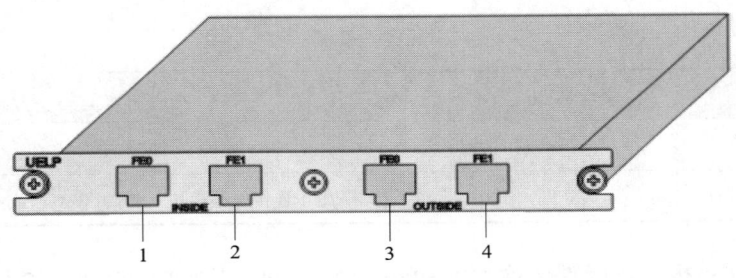

图 1—27　UFLP 面板

表 1—24　　　　　　　　　　　　UFLP 面板

接口	连接器	描述
1 – INSIDE FE0	RJ45	用于连接 CMPT
2 – INSIDE FE1		
3 – OUTSIDE FE0	RJ45	用于连接外部传输设备
4 – OUTSIDE FE1		

8) HECM 单板。该板件全称：HERT Enhance Channel Processing Module，EV-DO 信道处理板。

输入电压：+12 V DC。

功耗：≤28 W。

功能：承担 EVDO 模式各种前向信道、反向信道业务数据处理任务。

配置说明：处理能力—反向 192CE，使用一片 Qualcomm CSM6800 芯片；一块 HECM 单板最大支持 6 扇区载频；一个 BBU3900 中最多配置 6 块 HECM 单板。

HECM 面板指示情况如图 1—28 所示，其对应接口见表 1—25。

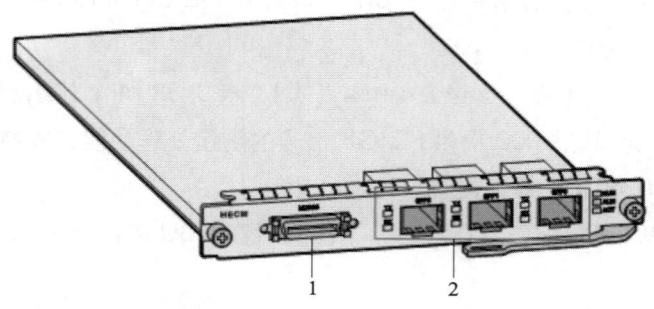

图 1—28　HECM 单板

表 1—25　　　　　　　　　　　　HECM 单板

接口	连接器	描述
1 – MDR26	—	保留
2 – SFP	SFP	用于连接射频模块（RRU/RFU）或 ODU

9）UPEU 单板。该板件全称 Universal Power and Environment Interface Unit，电源环境接口单元。

输入电压：+24 V DC 或 –48 V DC。

输出电压：12 V。

功能：将 –48 V/ +24 V DC 电压转换为 +12 V DC。

配置说明：最多配置 2 个 UPEU，工作在 1 +1 热备份状态。UPEU 有两种，UPEA 和 UPEB，UPEA 支持 –48 V DC→ +12 V DC 的转换，UPEB 支持 +24 V DC – > +12 V DC 的转换，在 PWR 接口下面的丝印中标识不同的输入电压。

UPEU 面板指示情况如图 1—29 所示，其对应接口见表 1—26。

图 1—29　UPEU 单板

表1—26　　　　　　　　　　　UPEU 单板

接口	连接器	描述
1 – EXT_ALM1	RJ45	提供8路干结点告警输入，连接外部告警设备
2 – EXT_ALM0		
3 – MON1	RJ45	提供2路RS485监控功能，连接外部环境监控设备
4 – MON0		
5 – PWR	3W3	直流电源输入

（4）CRFU硬件配置。CRFU为CDMA射频模块，负责无线信号的收发功能，实现无线网络系统和移动台之间的通信。

CRFU载波支持个数：最大支持8载波。

CRFU支持的频段：800 MHz，2 100 MHz。

1）CRFU外观如图1—30所示，CRFU面板如图1—31所示，指标见表1—27。

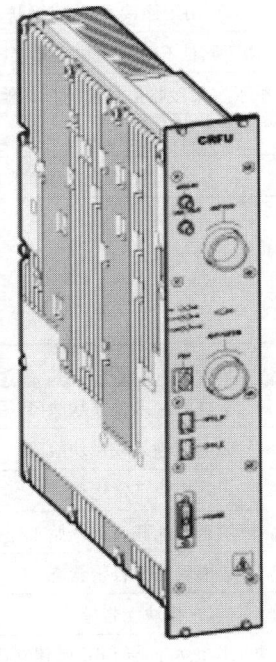
图1—30　CRFU外观图

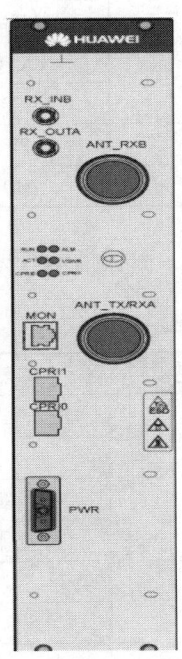
图1—31　CRFU面板图

表1—27　　　　　　　　　　CRFU 指标

项目	指标
输入电压	−48 V DC
功耗	≤303 W
规格	397.25 mm（长）×70.62 mm（宽）×308 mm（高）
发射功率 （多载波发射 总功率）	800 MHz：≤80 W 2 100 MHz：≤60 W 说明：单载波可支持满功率发射，用于广覆盖

2）CRFU－面板接口见表1—28。

表1—28　　　　　　　　　　CRFU—面板接口

接口类型	面板标识	连接器类型	说明
射频收发共用接口	ANT－RXB	DIN 型连接器	天馈分集接收
	ANT－TX/RXA	DIN 型连接器	天馈主收主发
CPRI 接口	CPRI 1	SFP	用于连接 BBU 或级联 RFU
	CPRI 0	SFP	用于连接 BBU 或级联 RFU
射频电缆接口	RX_INB	QMA 母头	用于其他 CRFU 模块主集接收信号输入
	RX_OUTA	QMA 母头	用于主集接收信号输出至其他 CRFU 模块
电源接口	PWR	3V3	电源输入
调试接口	MON	RJ45	用于近端维护

3）CRFU－面板指示灯见表1—29。

表1—29　　　　　　　　　　CRFU—面板指示灯

指示灯类型	状态	说明
RUN	常亮	有电源输入，模块故障
	常灭	无电源输入或模块故障
	慢闪（0.5 Hz）	模块正常运行
	快闪（4 Hz）	模块正在加载或未开始工作
ALM	常亮	模块处于告警状态
	常灭	模块无告警
ACT	常亮	模块工作正常，与 BBU 已建立连接
	常灭	模块与 BBU 没有建立连接
	慢闪（0.5 Hz）	模块处于近端测试状态

续表

指示灯类型	状态	说明
VSWR	红灯常灭	模块无 VSWR 告警
	红灯常亮	模块有 VSWR 告警
CPRI 1/CPRI 0	绿灯亮	CPRI 链路正常
	红灯亮	接口模块接收异常
	红灯慢闪（0.5 Hz）	CPRI 链路失锁

（5）BTS3900 机柜中的附件

1) DCDU-01 板件（Direct Current Distribution Unit）模块为直流配电单元，为机柜内各部件提供电源输入。

DCDJ-01 模块功能：支持 1 路 -48 V DC 电源输入，10 路 -48 V DC 电源输出。为机柜内的 BBU 模块、CRFU 模块、FAN 模块、用户设备提供电源输入。DCDU 模块内置的防雷板支持差模 10 kA、共模 15 kA 的防雷能力。

DCDJ-01 模块面板如图 1—32 所示。

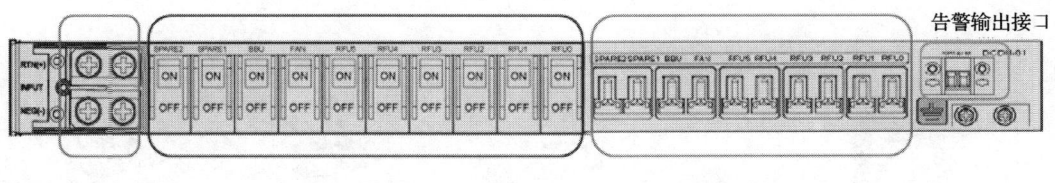

图 1—32 DCDU-01 模块

2) SLPU（Signal Lightening Protection Unit）外部通用信号防雷单元，配置在 BBU3900 外部（如 BTS3900/3900A/3900C/APM 机柜中），为 BBU3900 提供 E1/T1/FE 防雷功能。SLPU 中可配置 UELP/UFLP 单板，支持 UELP/UFLP 混配。最多可配置 4 块防雷板。

SLPU 选配原则：当 BBU3900 中配置 UTRP 时，必须配置 SLPU；当 BBU3900 在室外安装时，必须配置 SLPU。

SLPU 模块面板如图 1—33 所示。

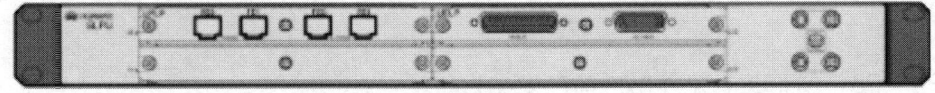

图 1—33 SLPU 模板

3）FAN 模块即风扇盒模块，为机柜通风散热。一个 FAN 模块内有 4 个独立的风扇，为机柜提供强制通风散热并支持温度检测功能。FAN 模块支持温控调速和主控调速两种模式，并支持风扇停转功能，当环境温度较低时，能够控制风扇停转。

FAN 模块面板如图 1—34 所示。

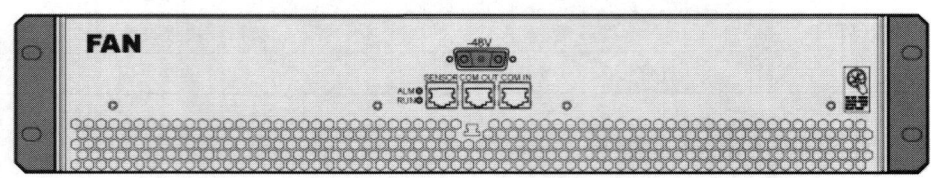

图 1—34　FAN 模板面板

（6）组网方式、典型配置及连线介绍

1）组网示意图如图 1—35 所示。BTS3900 组网类型包括：星型组网、链型组网和树型组网。BTS3900 链型组网最多不超过 3 级。树型组网中，树的深度不超过 3 级。ODU3601CE 最多级连 3 级。单级级连最大长度 70 km，3 级级连总长度不超过 90 km。

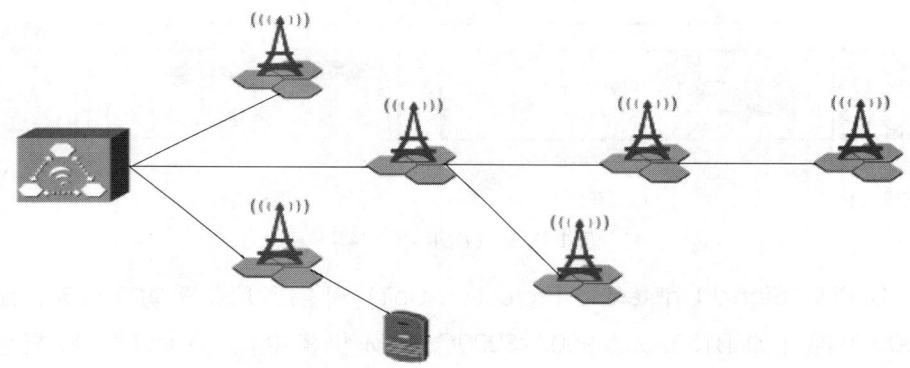

图 1—35　组网示意方式

2）板件配置有典型配置和最大配置两种，根据实际使用情况选择。

典型配置如图 1—36 所示。

最大配置如图 1—37 所示。

3）连线主要包括电源连线、传输连线和射频连线三种。电源连线如图 1—38 所示。

P1－P6：CRFU 电源（出厂前已安装）。

P7：风扇盒电源线（出厂前已安装）。

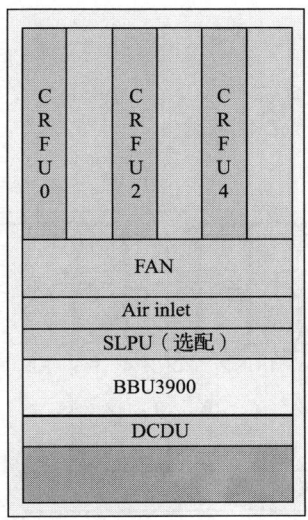

图1—36 典型配置　　　　　图1—37 最大配置

P8：BBU电源线（出厂前已安装）。

P11－P12：外部电源线（需要现场安装）。

传输连线（E1/T1）如图1—39所示。

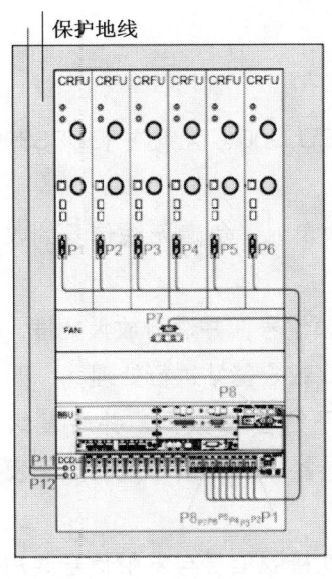

图1—38 电源连线

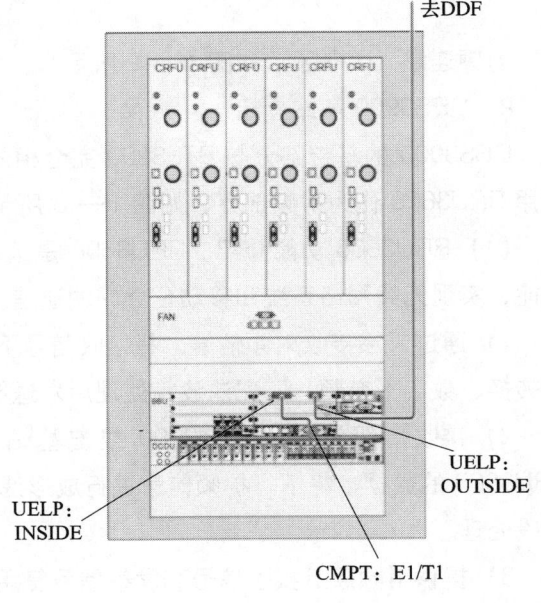

图1—39 传输连线

S1：E1/T1 电缆。

射频连线（3 扇区）如图 1—40 所示。

射频连线（3 扇区互为主分集配线）如图 1—41 所示。

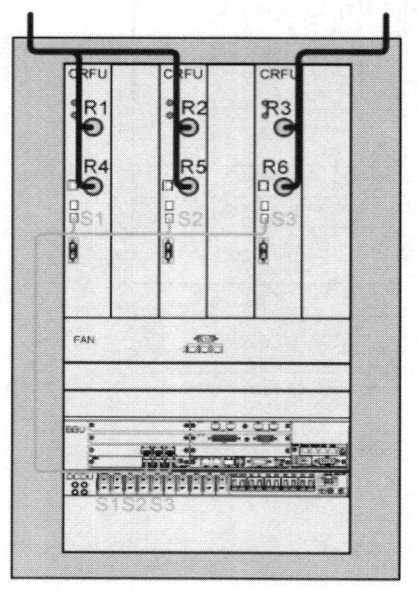

图 1—40　射频连线

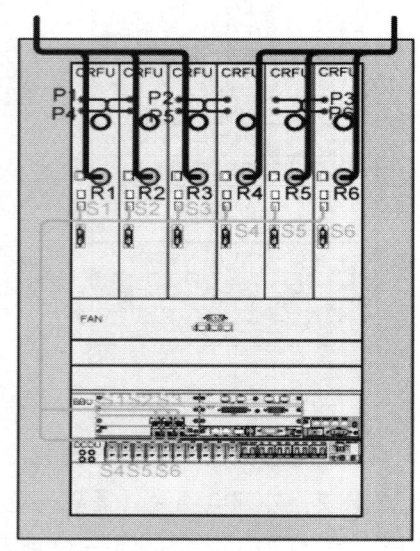

图 1—41　射频连线（3 扇区互为主分集配线）

射频连线（6 扇区）如图 1—42 所示。

2. DBS3900 基站介绍

DBS3900 的基带部分与 BTS3900 完全相同，都为 BBU3900，区别在于 DBS3900 使用 RRU3606 作为射频部分，如图 1—43 所示。

（1）RRU3606 功能介绍。RRU3606 是远端射频模块单元，负责无线信号的收发功能，实现无线网络系统和移动台之间的通信。

1）通过天馈接收射频信号，将接收信号下变频至中频信号，并进行放大处理、模数转换、数字下变频、匹配滤波等处理后发送给 BBU3900 或宏基站进行处理。

2）接收上级设备（BBU3900 或宏基站）送来的下行基带数据，并转发级联 RRU3606 的数据，将下行扩频信号进行成形滤波、数据转换、射频信号上变频至发射频段处理。

3）提供射频通道接收信号和发射信号复用功能，可使接收信号与发射信号共用一个天线通道，并对接收信号和发射信号提供滤波功能。

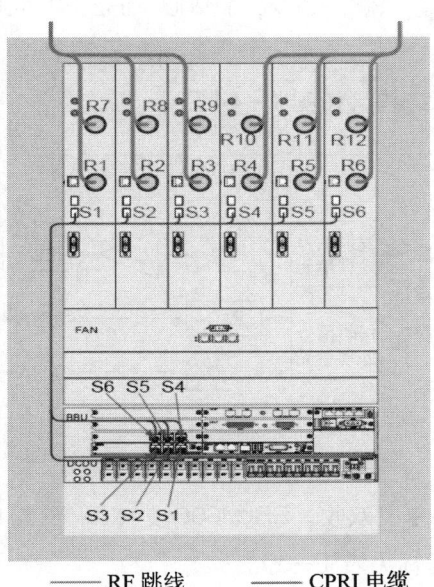

图 1—42 射频连线（6 扇区）

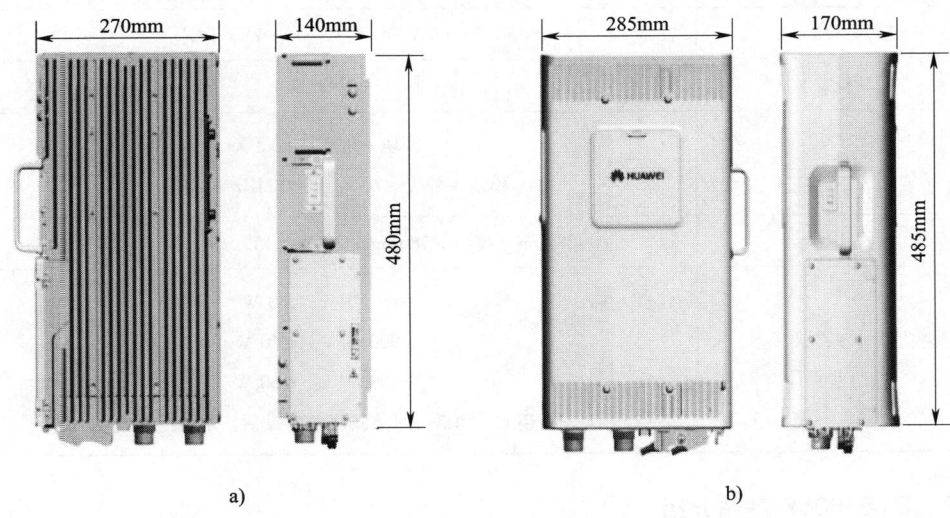

图 1—43 RRU3606 外观

a) RRU3606（无外壳） b) RRU3606（有外壳）

单 RRU3606 最大支持 8 载波。

一个 RRU3606 支持一个扇区。

RRU3606 支持的频段：800 MHz，1 900 MHz，2 100 MHz，Band Class 15（AWS）。

（2）RRU3606—逻辑结构，如图1—44所示。

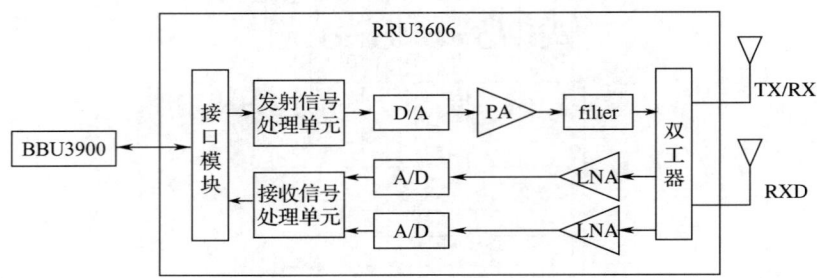

图1—44　RRU3606—逻辑结构

说明：RRU3606支持单发双收，RRU3606支持CPRI接口。

（3）RRU3606技术指标见表1—30。

表1—30　　　　　　　　　　RRU3606技术指标

项目	指标
输入电压	-48 V DC（-37 ~ -60 V DC）
功耗	≤300 W
重量	模块+外壳≤17.5 kg 模块+外壳≤20 kg（800 MHz AB频段）
规格	488 mm（高）×280 mm（宽）×155 mm（深），带外壳
发射功率（多载波发射总功率）	800 MHz：≤60 W 1 900 MHz：≤60 W 2 100 MHz：≤60 W 说明：单载波可支持满功率发射，用于广覆盖

3. BTS3606E 基站介绍

（1）系统概述

1）BTS3606E 机柜主要特点如下：

基带框和载频框按照 IEC297 标准设计，满足相关国际标准。

机柜采用模块化结构设计，扩容时只需要通过增加模块即可实现。

单机柜最大容量为 24 扇区载频，适用于话务量高的地方。

2）BTS3606E 机柜由以下几部分构成：CDDU 框/IDFU 框、载频框、基带框、电源框、BUSBAR、基带风扇盒、射频扇盒等，具体如图 1—45 所示。

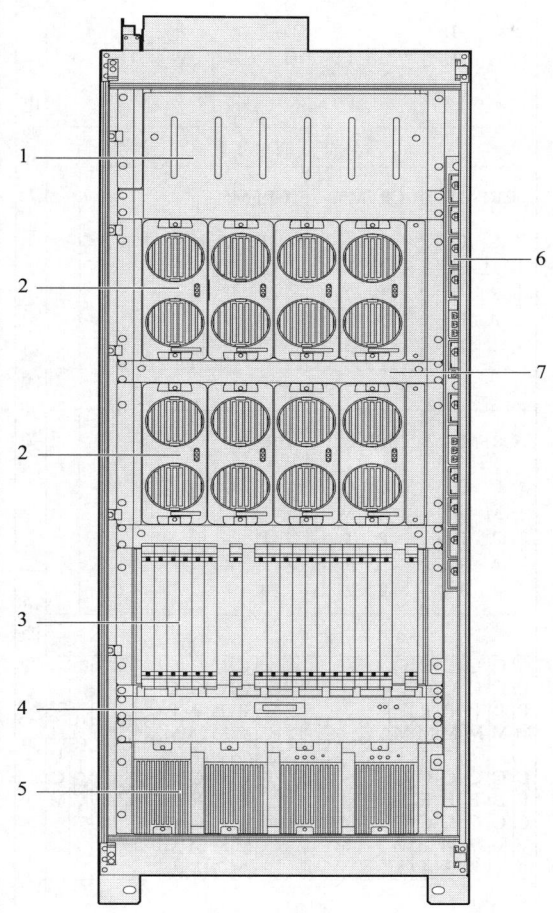

图 1—45　BTS3606E 机柜结构图

1—CDDU 框；2—射频框（射频风扇盒）；3—基带框；4—基带风扇盒；
5—电源框；6—BUSBAR；7—走线槽

BTS3606E 机柜满配置示意图（配置 CDDU）如图 1—46 所示。

BTS3606E 机柜满配置示意图（配置 IDFU）具体如图 1—47 所示。

3）整机指标详见表 1—31。

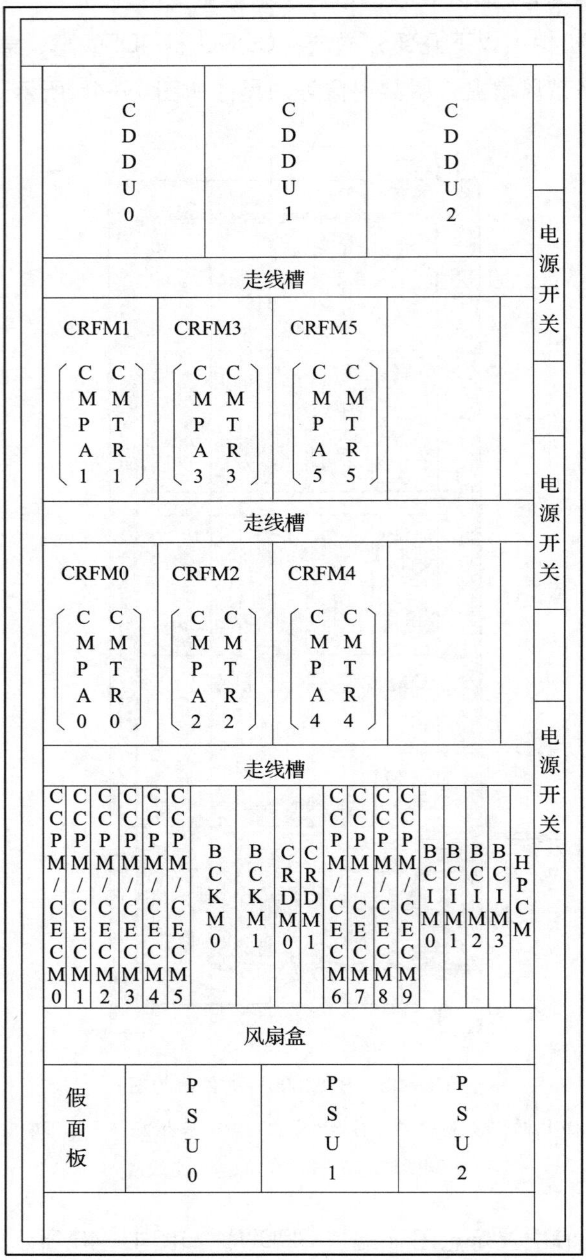

图1—46 BTS3606E机柜满配置示意图(配置CDDU)

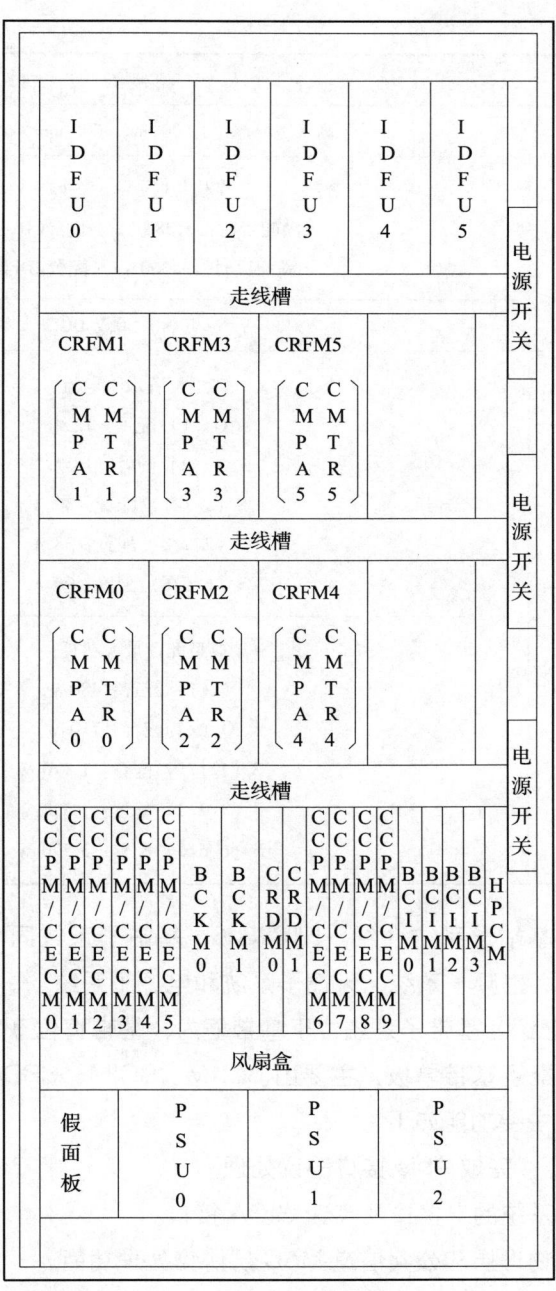

图 1—47 BTS3606E 机柜满配置示意图（配置 IDFU）

表 1—31　　　　　　　　　　整机指标

指标名称	指标值
机柜尺寸	高 × 宽 × 深 = 1 600 mm × 600 mm × 650 mm
机柜重量	空机柜时：<155 kg 满配置时：<280 kg（配置 CDDU） 满配置时：<300 kg（配置 IDFU）
电压	−40 ~ −60 V DC
电流	典型配置最大电流： O（1）配置：12 A O（2）配置：18 A S（1/1/1）配置：30 A S（2/2/2）配置：38 A S（6/6/6）配置：90 A
机柜功耗	典型配置最大功耗： O（1）配置：480 W O（2）配置：710 W S（1/1/1）配置：1 170 W S（2/2/2）配置：1 520 W S（6/6/6）配置：3 590 W

（2）BTS3606E 基站子系统介绍。BTS3606E 基站子系统同 BTS3900 基站类似，主要包括基带子系统、射频子系统、天馈子系统和电源子系统。

1）基带子系统介绍。基带子系统位于基带框内，基带框位于机柜中下部，载频框与电源框之间，用于配置基带单板，主要由 BCKM、BCIM、CRDM、CCPM、CECM、HPCM 等单板组成，主要功能如下：

①提供 Abis 接口，完成 Abis 接口协议处理。

②提供到射频子系统的电接口及高速 GIGA 接口。

③完成 Um 接口物理层和公共信道 MAC 层协议处理功能。

④通过 SFP 接口级联 ODU 软基站。

⑤完成 CDMA 1X 和 1xEVDO 基带数据的调制解调、CDMA 信道的编码解码功能。

⑥为基站系统提供同步时钟。

⑦完成基站系统的资源管理、操作维护,以及环境监控功能。

基带框满配置如图1—48所示。

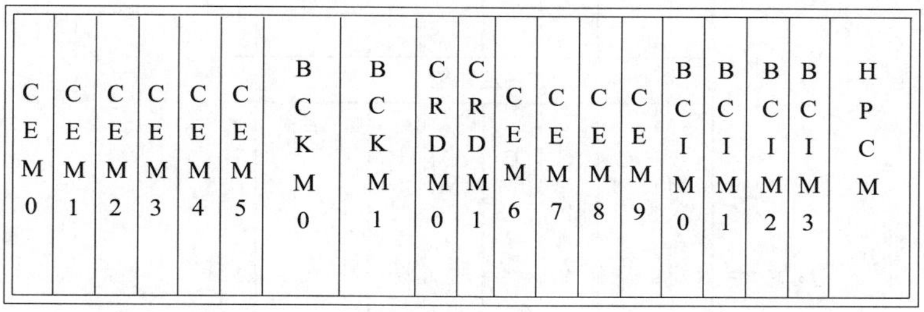

CEM0	CEM1	CEM2	CEM3	CEM4	CEM5	BCKM0	BCKM1	CRDM0	CRDM1	CEM6	CEM7	CEM8	CEM9	BCIM0	BCIM1	BCIM2	BCIM3	HPCM

图1—48 BTS3606E基站基带框满配图

表1—32是基带子系统主要板件的说明。

表1—32　　　　　　　　BTS3606基带子系统主要板件

英文简称	英文全称	中文简称	硬件配置
BCKM	BTS Control & Clock Module	主控时钟板	满配2个
BCIM	BTS Control Interface Module	控制接口板	满配4个
CCPM	Compact – BTS Channel Process Module	1X信道处理板	满配10个
CECM	Compact – BTS EVDO Channel Module	DO信道处理板	满配10个
CRDM	Compact – BTS Resource Distribution Module	资源分配板	满配2个
HPCM	Hight Precision Clock Module	高精度时钟板	满配1个(选配件)

2)射频子系统介绍。射频子系统由CMTR、CMPA、CDDU/IDFU组成。

前向链路功能:完成已调制发射信号的功率可调上变频和线性功率放大,然后对发射信号进行滤波,最后发往天馈子系统。

反向链路功能:对基站天线接收信号进行滤波以抑制带外干扰,然后进行低噪声放大,噪声系数可调下变频和信道选择性滤波,最后发往基带子系统。

载频框满配置如图1—49所示。

载频框内各模块介绍见表1—33。

CMPA1	CMTR1	CMPA3	CMTR3	CMPA5	CMTR5
走线槽					
CMPA0	CMTR0	CMPA2	CMTR2	CMPA4	CMTR4

图1—49　BTS3606E射频框满配图

表1—33　　　　　　　　　　BTS3606E载频模块说明表

英文简称	英文全称	中文简称	硬件配置
CMTR	Compact – BTS Multi – carrier Transceiver Module	多载波收发信机模块	满配6个
CMPA	Compact – BTS Multi – carrier Power Amplifier	多载波功放模块	满配6个

3）天馈子系统。天馈子系统由射频天馈和卫星同步天馈两部分组成。

射频天馈部分：由射频收发天线、馈线和跳线等组成，完成基站空中接口信号的发射和接收。

卫星同步天馈部分：由卫星同步接收天线、馈线、跳线和避雷器等组成，完成卫星（GPS、RGPS或GLONASS）同步信号的接收，给基站提供精确的同步时钟源。

4）电源子系统。电源子系统由配电、防雷、监控单元和电源框组成，具有均流热备份、集中管理、分散供电的特点，提高了电源系统的安全性与可靠性。

当采用－48 V直流输入时，电源框中配置电源模块PSU，支持－48 V直流输入，＋24 V直流输出方式的DC/DC转换。

当采用＋24 V直流输入时，电源框中配置防反接模块，支持＋24 V直流输入。配电模块将＋24 V直流分配到各个单板及模块。

电源框内各模块介绍见表1—34。

表1—34　　　　　　　　电源模块说明表

英文简称	英文全称	中文简称	硬件配置
PSUDC/DC	Power Supply Unit（DC/DC）	电源模块	满配3个

(3) 主要板件说明

1) BCIM 板是 BTS 实现与 BSC 连接的功能实体。BTS3606E 最多可配置 4 块 BCIM。BCIM 在基带框中的位置如图 1—50 所示。

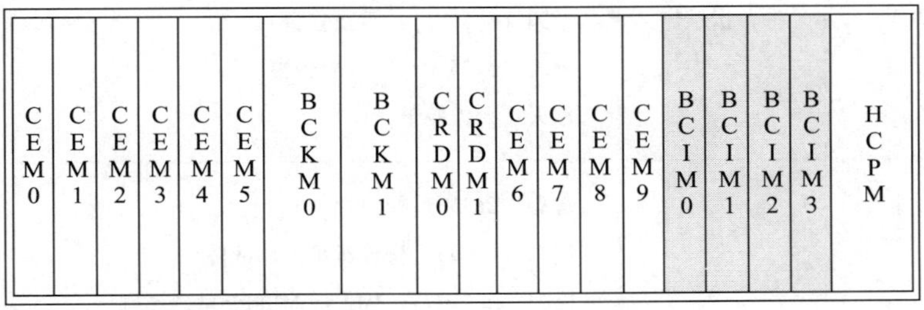

C E M 0	C E M 1	C E M 2	C E M 3	C E M 4	C E M 5	B C K M 0	B C K M 1	C R D M 0	C R D M 1	C E M 6	C E M 7	C E M 8	C E M 9	B C I M 0	B C I M 1	B C I M 2	B C I M 3	H C P M

图 1—50　BCIM 在基带框中的位置图

BCIM 功能如下：

上行方向，从背板总线上接收来自主控时钟板的操作维护命令以及信道处理板的业务数据，利用 ATM（Asynchronous Transfer Mode）的反向复用技术 IMA（Inverse Multiplexing for ATM），将 ATM 信元按照 G.804 规范在多路 E1/T1 链路上进行传输，送往 BSC。

下行方向，接收分布在多路 E1/T1 链路上来自 BSC 的 ATM 信元，利用 IMA 技术复用成单一的 ATM 信元流，利用背板总线送往相应单板进行处理。

每块 BCIM 上可以提供 8 路 E1/T1 链路，在 8 路 E1/T1 链路上最多可以支持 7 个 IMA 链路组，或 7 条 UNI 链路，或 7 个 IMAFRAC 链路组，或 7 条 FRAC 链路。

通过本板上 IMA 状态机程序，和 BSC 侧进行通信，监控 E1/T1 链路的工作情况，保证 IMA 协议的正确实现。

通过背板总线传递操作维护命令，将本板的状态信息上报给主控时钟板，提供单板维护和网络管理的接口。

BCIM 面板指示灯说明见表1—35。

表1—35　　　　　　　　　　BCIM 面板指示灯说明

灯名	颜色	含义	说明	正常状态
RUN	绿	运行指示灯	快闪（4 Hz）：BCIM 正在通电初始化或正在进行软件下载 慢闪（0.5 Hz）：BCIM 运行正常 其他：BCIM 故障	慢闪（0.5 Hz）
ALM	红	告警指示灯	常亮：产生需要更换单板的告警 快闪（4 Hz）：紧急告警 慢闪（0.5 Hz）：重要告警 慢闪（0.25 Hz）：一般告警 常灭：无告警	常灭
ACT	绿	工作指示灯	常亮：BCIM 运行正常 快闪（4 Hz）：操作维护链路故障 慢闪（0.5 Hz）：IMA 或 MLPPP 链路组断 慢闪（0.25 Hz）：IMA 或 MLPPP 链路断	常亮
ACT（网口）	黄	网口指示灯	闪烁：有数据交互 常灭：无数据交互	闪烁或常灭
LINK（网口）	绿	网口指示灯	常亮：FE 物理链路通 常灭：FE 物理链路断	常亮
0～7号指示灯（QC53 BCIM）	绿	告警指示灯	常亮：0～7路 E1/T1 链路正常 常灭：0～7路 E1/T1 链路故障	常亮

2）BCKM 控制和管理整个 BTS 系统，实现主控、操作维护和时钟功能。BTS3606E 最多可配置2块 BCKM。BCKM 在基带框中的位置如图1—51所示。

BCKM 功能见表1—36。

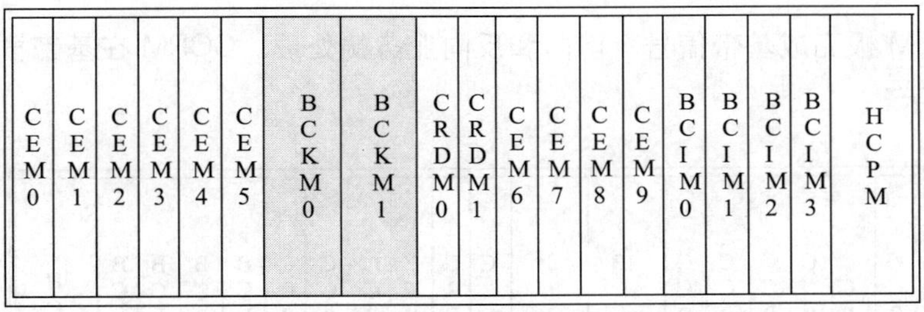

| CEM0 | CEM1 | CEM2 | CEM3 | CEM4 | CEM5 | BCKM0 | BCKM1 | CRDM0 | CRDM1 | CEM6 | CEM7 | CEM8 | CEM9 | BCIM0 | BCIM1 | BCIM2 | BCIM3 | HCPM |

图 1—51　BCKM 在基带框中的位置图

表 1—36　　　　　　　　　　　BCKM 功能表

功能	介绍
主控功能	实现业务呼叫流程控制、信令处理、资源管理、信道管理、小区配置等功能
操作维护功能	实现对基站的操作维护，如软件下载、状态管理、数据配置、测试管理、接口跟踪、故障管理、日志管理、维护台接口、BCKM 主备倒换等功能
时钟功能	提供高精度的振荡时钟并与外部时钟源同步，为整个 BTS 系统提供基准时钟信号，外部时钟源如 GPS/GLONASS（Global Positioning System/ Global Navigation Satellite System）时钟

BCKM 面板指示灯说明见表 1—37。

表 1—37　　　　　　　　　　　BCKM 面板指示灯说明

灯名	颜色	含义	说明	正常状态
RUN	绿	运行指示灯	快闪（4 Hz）：BCKM 正在上电初始化或正在进行软件下载 慢闪（0.5 Hz）：BCKM 运行正常 其他：BCKM 故障	慢闪 （0.5 Hz）
ALM	红	告警指示灯	常亮：有告警，需更换单板 快闪（4 Hz）：紧急告警 慢闪（0.5 Hz）：重要告警 慢闪（0.25 Hz）：一般告警 常灭：无告警	常灭
ACT	绿	工作指示灯	常亮：BCKM 运行正常 快闪（4 Hz）：操作维护链路故障 慢闪（0.5 Hz）：BSC 断链 慢闪（0.25 Hz）：丢星 24 h 以上，或初次通电，一直未能找到足够的卫星	常亮

3) CCPM 板完成基带信号、前向和反向业务的处理。CCPM 在基带框中的位置如图 1—52 所示。

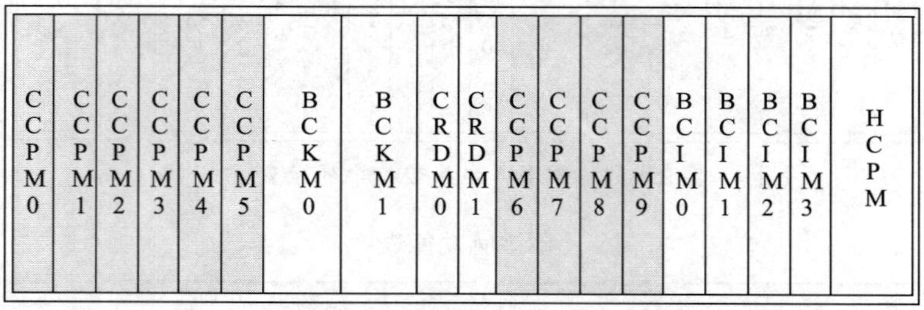

| CCPM0 | CCPM1 | CCPM2 | CCPM3 | CCPM4 | CCPM5 | BCKM0 | BCKM1 | CRDM0 | CRDM1 | CCPM6 | CCPM7 | CCPM8 | CCPM9 | BCIM0 | BCIM1 | BCIM2 | BCIM3 | HCPM |

图 1—52 CCPM 在基带框中的位置图

CCPM 功能如下：

前向——完成编码（卷积码、TURBO 码）、交织、扩频、调制、数据复用等功能。

反向——完成解复用、解扩、解调、解交织、解码（卷积码、TURBO 码）等功能。

不同型号的 CCPM 功能差别见表 1—38。

表 1—38　　　　　　　　不同型号 CCPM 功能比较

功能	QCK1CCPM	QCK2CCPM	QCK3CCPM
芯片型号	CSM5000	CSM5000	CSM6700
资源池	支持板间菊花链	支持芯片级资源池	支持芯片级资源池
SFP 接口	不支持	支持	支持
最大支持载扇	3 载扇	6 载扇	12 载扇

CCPM 面板指示灯说明见表 1—39。

表 1—39　　　　　　　　CCPM 面板指示灯说明

灯名	颜色	含义	说明	正常状态
RUN	绿	运行指示灯	快闪（4 Hz）：CCPM 正在通电初始化或正在进行软件下载 慢闪（0.5 Hz）：CCPM 运行正常 其他：CCPM 故障	慢闪 （0.5 Hz）

续表

灯名	颜色	含义	说明	正常状态
ALM	红	告警指示灯	常亮：产生需要更换单板的告警 快闪（4 Hz）：紧急告警 慢闪（0.5 Hz）：重要告警 慢闪（0.25 Hz）：一般告警 常灭：无告警	常灭
ACT	绿	工作指示灯	常亮：CCPM 运行正常 快闪（4 Hz）：ATM 总线告警 慢闪（0.5 Hz）：主控信令链路断告警 慢闪（0.25 Hz）：CSM 芯片告警	常亮
LINK0	绿	光口指示灯 （QCK1CCPM）	常亮：有光输入 常灭：无光输入	常亮
LINK1	绿	光口指示灯 （QCK1CCPM）	常亮：有光输入 常灭：无光输入	常亮
TX	绿	接口指示灯 （QCK2CCPM/ QCK3CCPM）	光口： 常亮—有光输出 常灭—无光输出 电口： 常亮—SFP 电缆正常 常灭—SFP 电缆故障	常亮
RX	绿	接口指示灯 （QCK2CCPM/ QCK3CCPM）	光口： 常亮—有光输入 常灭—无光输入 电口： 常亮—有数据输入且输入数据正确 常灭—无数据输入或者输入数据错误	常亮

4）CECM 是系统的 EVDO 业务处理板，承担 EVDO 模式下各种前向信道、反向信道业务数据处理任务。CECM 在基带框中的位置如图 1—53 所示。

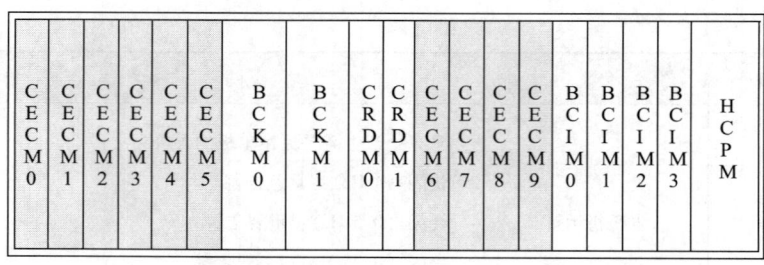

图1—53 CECM在基带框中的位置图

CECM功能如下：

前向方向，将从网络侧来的ATM信元数据经编码（TURBO码）、交织、扩频、调制、数据复用成高速信号，经专用处理芯片处理后从信道处理板的无线接口侧发出。

反向方向，CECM接收数据经解复用、解调、解交织、解码（TURBO码）等功能，以ATM信元的形式发送给BCIM。

CECM面板指示灯说明见表1—40。

表1—40　　　　　　带光口的CECM面板指示灯说明

灯名	颜色	含义	说明	正常状态
RUN	绿	运行指示灯	快闪（4 Hz）：CECM正在上电初始化或正在进行软件下载 慢闪（0.5 Hz）：CECM运行正常 其他：CECM故障	慢闪 （0.5 Hz）
ALM	红	告警指示灯	常亮：有告警，需更换单板 快闪（4 Hz）：紧急告警 慢闪（0.5 Hz）：重要告警 慢闪（0.25 Hz）：一般告警 常灭：无告警	常灭
ACT	绿	工作指示灯	常亮：CECM运行正常 快闪（4 Hz）：ATM总线告警 慢闪（0.5 Hz）：主控信令链路断告警 慢闪（0.25 Hz）：CSM芯片告警	常亮
LINK0	绿	光口指示灯 （QCK1CECM）	常亮：有光输入 常灭：无光输入	常亮

续表

灯名	颜色	含义	说明	正常状态
LINK1	绿	光口指示灯（QCK1CECM）	常亮：有光输入 常灭：无光输入	常亮
TX	绿	接口指示灯（QCK2CECM）	光口： 常亮—有光输出 常灭—无光输出 电口： 常亮—SFP电缆正常 常灭—SFP电缆故障	常亮
RX	绿	接口指示灯（QCK2CECM）	光口： 常亮—有光输入 常灭—无光输入 电口： 常亮—有数据输入且输入数据正确 常灭—无数据输入或者输入数据错误	常亮

5) CRDM 是资源分配板，完成基带单板与 CMTR/ODU 之间的数据交换。这些数据包括配置信息、业务数据以及操作维护信令等。BTS3606E 最多可配置两块 CRDM，支持负荷分担。CRDM 在基带框中的位置如图 1—54 所示。

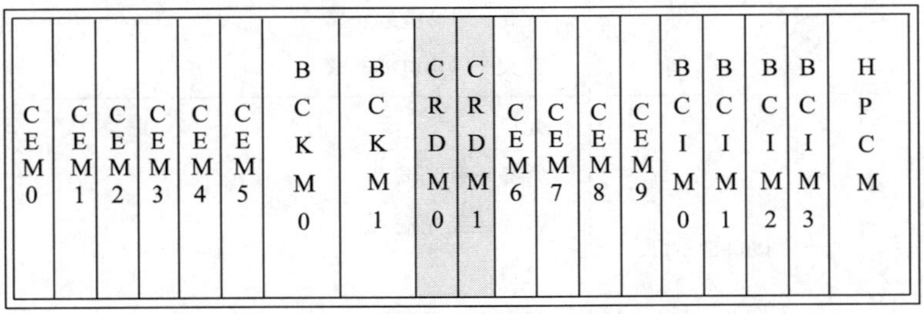

CEM0	CEM1	CEM2	CEM3	CEM4	CEM5	BCKM0	BCKM1	CRDM0	CRDM1	CEM6	CEM7	CEM8	CEM9	BCIM0	BCIM1	BCIM2	BCIM3	HPCM

图 1—54 CRDM 在基带框中的位置图

CRDM 功能如下：

① 完成 CCPM/CECM 与 CMTR/ODU 间 IQ 数据交换。

② 完成 BCKM 与 ODU 间操作维护数据交换。

③ 完成 CMTR/ODU 到 CCPM/CECM 的反向 RSSI 的转发。

CRDM 面板指示灯说明见表 1—41。

表 1—41　　　　　　　　　OCRDM 面板指示灯说明

灯名	颜色	含义	说明	正常状态
RUN	绿	运行指示灯	快闪（4 Hz）：CRDM 正在通电初始化或正在进行软件下载 慢闪（0.5 Hz）：CRDM 运行正常 其他：CRDM 故障	慢闪（0.5 Hz）
ALM	红	告警指示灯	常亮：产生需要更换单板的告警 快闪（4 Hz）：紧急告警 慢闪（0.5 Hz）：重要告警 慢闪（0.25 Hz）：一般告警 常灭：无告警	常灭
ACT	绿	工作指示灯	常亮：CRDM 运行正常 快闪（4 Hz）：ATM 总线告警 慢闪（0.5 Hz）：主控信令链路断告警 慢闪（0.25 Hz）：CSM 芯片告警	常亮
TX	绿	接口指示灯	光口： 常亮—有光输出 常灭—无光输出 电口： 常亮—SFP 电缆正常 常灭—SFP 电缆故障	常亮
RX	绿	接口指示灯	光口： 常亮—有光输入 常灭—无光输入 电口： 常亮—有数据输入且输入数据正确 常灭—无数据输入或者输入数据错误	常亮

6）HPCM 为高精度时钟板，具备良好的同步时钟保持能力。在卫星信号不够稳定的地区，通过选配 HPCM，可以有效提高基站的时钟同步性能。HPCM 在基带框中的位置如图 1—55 所示。

| CEM0 | CEM1 | CEM2 | CEM3 | CEM4 | CEM5 | BCKM0 | BCKM1 | CRDM0 | CRDM1 | CEM6 | CEM7 | CEM8 | CEM9 | BCIM0 | BCIM1 | BCIM2 | BCIM3 | HCPM |

图1—55　HPCM在基带框中的位置

HPCM功能：当GPS/GLONASS卫星参考时钟源丢失或基站未能捕获到足够的卫星数量时，HPCM利用铷钟的高稳定性和高保持性能给BCKM提供稳定的时钟信号，该信号同步于GPS/GLONASS卫星系统时钟，可稳定保持72h以上。

HPCM面板指示灯说明见表1—42。

表1—42　　　　　　　　　HPCM面板指示灯说明

灯名	颜色	含义	说明	正常状态
RUN	绿	运行指示灯	快闪（4 Hz）：HPCM正在通电初始化或正在进行软件下载 慢闪（0.5 Hz）：HPCM运行正常 其他：HPCM故障	慢闪（0.5 Hz）
ALM	红	告警指示灯	常亮：产生需要更换单板的告警 快闪（4 Hz）：紧急告警 慢闪（0.5 Hz）：重要告警 慢闪（0.25 Hz）：一般告警 常灭：无告警	常灭
ACT	绿	工作指示灯	常亮：HPCM运行正常 常灭：HPCM初始化阶段	常亮

7）CFAN是风扇模块，为基带框提供散热功能。CFAN包括1个风扇盒和1块风扇接口板（FMIB），风扇盒包括6个24 V直流无刷风扇单元、1块风扇灯板和1块风扇监控板（FMUA）。CFAN位置位于基带框和电源框之间。

CFAN面板指示灯说明见表1—43。

表1—43　　　　　　　　　　CFAN 面板指示灯说明

灯名	颜色	含义	说明	正常状态
运行状态指示灯	红色/绿色	运行状态指示	绿色，4 Hz 闪烁：正在注册 绿色，0.5 Hz 闪烁：正常 红色，4 Hz 闪烁：故障	绿色

8) CMTR 模块完成基带 IQ 信号的调制与解调，上下变频等功能。CMTR 在载频框中的位置如图 1—56 所示。

CMTR 功能如下：在前向链路，CMTR 接收基带子系统送过来的基带信号，通过选频、放大、滤波和信道选择等操作将其转换成射频信号，通过功放模块和射频前端模块送往天馈子系统。在反向链路，CMTR 接收天馈子系统送过来的主、分集接收信号，对信号进行下变频、放大、滤波、功率驱动等操作将其转换成基带信号，然后送往基带子系统处理。此外，CMTR 还接收基带子系统的 BCKM 下发的各种管理和配置信息，并向 BCKM 上报自身的各种状态和告警信息。

9) CMPA 是多载波高功放模块，用于放大 CMTR 输出的射频信号和监控功放告警。CMPA 在载频框中的位置如图 1—57 所示。

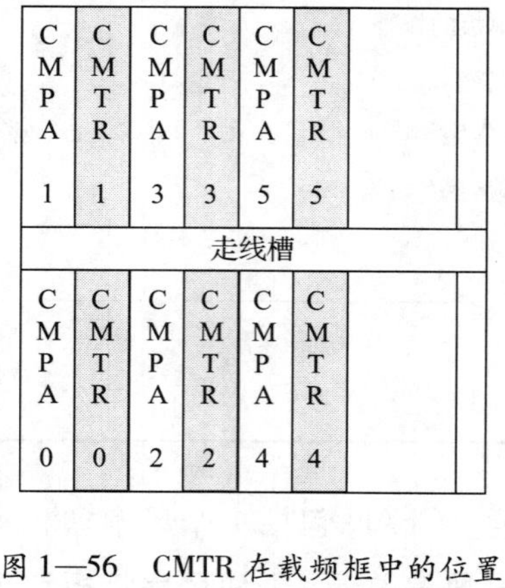

图 1—56　CMTR 在载频框中的位置 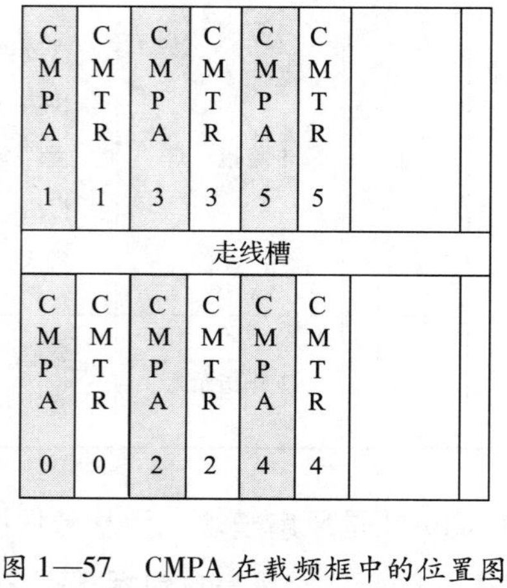　　　　图 1—57　CMPA 在载频框中的位置图

CMPA 功能如下：

①射频功率放大。对来自 CMTR 的射频信号进行功率放大。

②前向功率取样。对射频前向信号取样，输出射频功率电平。

③告警处理。对 CMPA 的输出端口电压驻波比、温度、输入射频信号电平、增益等进行检测，由 CAMC 处理异常告警信号，上报 CMTR。

④风扇监控。对风扇进行监控，由 CAMC 处理风扇告警、调节风扇速度。

10) CRFM 包括风扇灯板（BBFL）和风扇，实现射频模块散热功能。CRFM 位置在 CMPA/CMTR 模块面板上。

CRFM 功能如下：

①实现射频模块散热。

②通过面板指示灯指示 CMPA/CMTR 模块运行状态。

CRFM 面板指示灯说明见表 1—44。

表 1—44　　　　　　　　　　CRFM 面板指示灯说明

灯名	颜色	含义	说明	正常状态
CMTR	绿	CMTR 告警指示灯	常亮：CMTR 已开工并且工作正常或一般告警、提示告警 快闪（4 Hz）：CMTR 没有开工或者处于紧急告警状态 慢闪（0.5 Hz）：CMTR 已开工但处于重要告警状态 常灭：CMTR 与风扇监控板之间的通信中断	常亮
CMPA	绿	CMPA 运行指示灯	常亮：CMPA 运行正常 快闪（4 Hz）：CMPA 告警	常亮
FAN	绿	风扇运行指示灯	常亮：风扇运行正常 快闪（4 Hz）：风扇堵转告警	常亮

11) CDDU 包括两路射频收发双工器和低通滤波器，实现发射与接收信号耦合测试功能。CDDU 位置如图 1—58 所示。

CDDU 功能如下：

①两路射频收发双工器和低通滤波器。

②发射与接收信号耦合测试。

12) IDFU 为室内站单路双工单元，实现发射与接收信号耦合测试功能。IDFU 在机柜中的位置如图 1—59 所示。

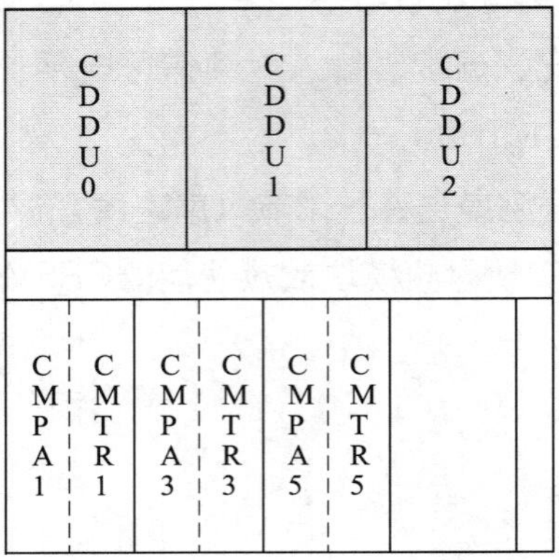

图 1—58 CDDU 位置图 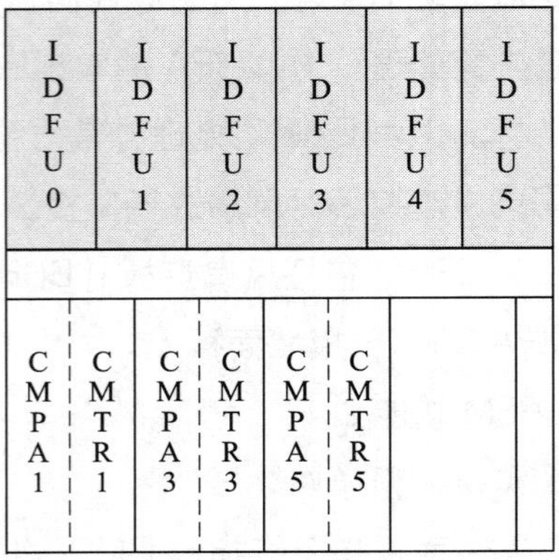　　　　图 1—59 IDFU 位置图

IDFU 功能如下：

①由双工器和低通滤波器组成的射频信号发射通道。

②由双工器和低通滤波器组成的射频信号主集接收通道。

③由分集滤波器和低通滤波器组成的分集接收通道。

④发射和接收信号的耦合测试。

（4）BTS3606 基站对外主要物理接口。BTS3606E 机柜对外主要物理接口见表 1—45，表中接口数量均为满配情况下的统计值。

表 1—45　　　　　　　　　　BTS3606 主要物理接口

接口名称	类型	数量	接口说明
Abis 接口	E1/T1（二选一）	32 路	接入传输系统，以连到 BSC 设备，支持级联，采用 E1 时提供 75 Ω、120 Ω 两种负载接口，采用 T1 时提供 100 Ω 负载接口
	FE	4 路	从以太网传输数据到 BSC
软基站级联接口	SFP 接口	8 路	当配置 CRDM 时：每块 CRDM 可提供 4 路 SFP 接口，需要级联 ODU 软基站时，最大可以级联 3 级
		20 路	当未配置 CRDM 时：每块 CCPM/CECM 可以提供 2 路 SFP 接口，需要级联 ODU 软基站时，最大可以级联 3 级

续表

接口名称	类型	数量	接口说明
时钟接口	GPS/GLONASS	2个	提供长期稳定的时钟信号
	RGPS	1个	仅当+24 V直流机柜配置QCK3CSLM时,支持RGPS时钟信号
	外部同步时钟输入	1个	在GPS/GLONASS时钟信号不可用时,提供高精度时钟
维护接口	以太网口	2个	主备BCKM提供近端维护通道
电源和接地	电源	2路	提供-48 V/+24 V DC电源输入
	保护地	1个	基站防雷
监控接口	环境监控接口	1个	与环境监控仪接口
射频天馈接口	射频信号	12个	对应6个扇区,每个扇区对应2个DIN头

第 2 章

CDMA 无线基站运行与维护

学习目标

- ☑ 熟悉朗讯基站各模块故障告警及一般处理步骤。
- ☑ 掌握维护人员现场处理故障的方法及注意事项。
- ☑ 掌握基站维修中疑难故障的处理方法。

2.1 朗讯 BTS 基站运行与维护

2.1.1 各模块故障告警及一般处理步骤

1. URC/URC – II

（1）URC 告警（涉及传输、URC、背板）。

1）远程控制：

①检查后台数据与硬件配置是否一致。

②从 AP 侧 telnet URC，若成功，则执行③、④、⑤步；若不通，则应执行⑦步。

③检查 URC 本身及版本（op：generic；send generic）。

④重启 URC。

⑤重启基站（init）。

⑥若两块 URC 不能同时启动，就应先 RMV 后 URC。

⑦检查传输。

2）现场处理：

①检查 URC 本身及版本。

②RMT 用现网的软件版本重启基站。

③检查背板参数。

④检查 BLST 结果，传输状态信息及 Alarm 信息。

⑤a. RMT 近端自环测试，测试 IOU 及传输；b. 网络侧自环测试。

⑥若还是不能解决问题，尝试重新插拔 URC。

⑦更换 URC。

⑧基站下电后重新上电。

⑨更换背板。

(2) URC-Ⅱ告警。参照 URC。

2．MCR/UCR

MCR/UCR 告警（涉及 MCR/UCR、功放、PDC/CPC/PDP、背板）。

(1) 远端控制

1）检查后台参数。

2）先 op：cbr，看 MCR/UCR 的状态。

①若分极接收不平衡问题，则表示是干扰。应检查接收接线或后台数据。

②若 15 MHz 问题，则表示 PDC 没插紧，或 CTU 没连好 15 MHz 的线。

③若发射问题，应检查功放是否正常。

④若 rssi 问题，则应检查线缆，干扰及天线。

(2) 现场处理

1）用 RMT 对 MCR/UCR 进行 BLST。

2）检查 MCR/UCR 与功放及滤波器的连线。

3）对换相邻扇区的 MCR，确认 MCR 是否正常。

4）更换 MCR。

3．CMU

CMU 告警（涉及 CMU、URC、背板）。

(1) 远程控制

1）rst：cell#, cdm 1, ccu 1（重启 CMU 板）。

2）检查 CMU 后台数据。

3）确认该 CMU 是否已有 license。

(2) 现场处理

1）用 RMT 看 CMU BLST 状态。

2）重新插拔 CMU 板。

3）尝试更换 CMU 槽位，同步更改后台参数。

4）更换 CMU 板。

4. SBEVM

SBEVM 告警（涉及 SBEVM、URC、背板）。参照 CMU。

5. 功率告警

功放告警（涉及功放、功放 – 供电模块/供电模块 – HIOU 的网线、PDC/PDP、风扇）。

(1) 远程控制

1) rst：cell #，asmb 1，txamp 1，ucl。

2) 确认后台数据。

3) 检查其他告警（如 PDC，风扇）。

(2) 现场处理

1) 用 RMT 看功放状态。

2) 重新对功放上下电。

3) 检查 CBR – 功放、功放 – 滤波器之间的连线。

4) 检查供电模块及功放供电接口。

5) 检查功放到供电模块的数据线以及供电模块到 HIOU 的数据线连接是否正确。

6) 若所有功放都启不来，则应检查 HIOU 是否正常。

7) 检查风扇是否正常。

6. 滤波器告警

滤波器告警（仅限于 compact 4.0，modcell 4.0）（涉及滤波器、滤波器与功放/MCR 的连线）。

(1) 重置滤波器开关。

(2) 检查功放 – 滤波器、滤波器 – MCR 连接线。

(3) 更换滤波器。

7. PDC

(1) 查看 PDC 告警。OP：CELL #，EXTERN。

(2) 确保 PDC 插紧。

8. CTU/CTU – II

CTU/CTU – II 告警（涉及 CTU/CTUII、GPS 馈线、避雷器、蘑菇头、PDC/CPC/PDP、URC、背板）。

(1) 远程控制

1) rst：cell #，tfu l l gps 1，ucl（硬启动 gps）。

2) rst：tfu（重启 CTU 板）。

3) 若有两块 URC，则最好先 RMV 一块 URC，再 rst：tfu。

4) restart：rcs。

(2) 现场处理

1) 用 RMT 看 GPS status，确保锁定的星有四颗以上。

2) 检查 CTU/CTU-II 的 GPS 口连线，以及 OUT-0 OUT-1 口与 15MHZ 的连线。

3) 测 CTU/CTU-II 的 GPS 口输出电压（正常 5 V 左右）。

4) 检查 GPS 天馈连接。

5) 用 RMT offline 配 CTU，检查 CTU 锁定及 15 MHz 晶振情况。

6) 拔插、更换 CTU/CTUII。

2.1.2 告警处理及板件替换

板件替换中须注意的一些问题：

1. 板件替换前应先戴好静电环，静电环一般在机柜的左边。

2. 先将告警板件插拔后重启一下看能否恢复。

3. 在更换面板正前面有连接线的板子时，如 MCR 板等，应先将原连接关系做好记号后再更换，以便更换后能恢复原来连接关系。拆装连接线时注意不要损伤线缆接头部位等。

4. 在对传输线作环时应一对一对进行，作完一对应恢复原状后再进行另外的操作，以避免鸳鸯线的情况。

5. 板子插拔时要用力均匀，不要猛拽猛拉以免损伤板件。

6. 板件在运输携带过程中应有静电袋包装，并避免碰撞等损伤板件。

2.1.3 维修实例分析

1. GPS 时钟系统各种故障及处理方法

朗讯基站设备 GPS 时钟系统主要由以下几部分组成：CTU/CTU-II；馈线；GPS 天线。这 3 个部分任何一个出故障都有可能导致整个 GPS 时钟系统不能正常工作。当 GPS 时钟系统出现故障告警时，维护人员如何在现场尽快定位故障并排除故障是非常重要的。一般可按照以下步骤进行：

(1) 先用万用表测量 CTU/CTU-II（或 TFU）输往 GPS 天线的端口，看有无

5 V 电压输出。如无电压输出，则基本可以确定该板件损坏，更换该板件。如有 5 V 电压输出，则板件正常的可能性较大，需作进一步确认，如插拔重启、更换板件等。

（2）在初步判断板件正常的情况下，排查馈线故障。有条件的话应到 GPS 天线端口出，将天线拆下并测量馈线有无 5 V 电压送到。如无 5 V 电压，则说明馈线某处开路，设法找到开路处并修复。如有 5 V 电压，则需进一步确定是馈线问题还是天线问题。

（3）用驻波仪测量天馈线驻波比，如驻波比 >1.5，说明天馈线有问题。对 GPS 天馈线来说驻波比最好小于 1.3，否则易造成 GPS 锁星困难。

（4）如果 CTU 板更换后输出电压正常，馈线检查也无问题，那就应判断是 GPS 天线故障，更换天线。

（5）有时网管报 GPS 有严重告警并引发 CTU 反复退服，此种情况多为馈线接触不良引起，或是天线位置不好，天线被遮挡等。

2．有信号但用户无法呼入呼出

此类故障虽较少发生，但一旦发生有让人无法下手的感觉，应从以下几方面来分析：

（1）首先要检查该基站 283 频点是否有信号，如无 283 频点信号，则修复该频点信号。

（2）如 283 频点信号正常，且其他各 1X 频点信号都正常，则说明基站设备工作基本正常，发射部件及各环节都正常。下一步重点检查接收部分的各个环节。

（3）比较典型的情况是，在机房外有信号不能呼入呼出，而在机房内能打电话，则说明故障点在机房内或附近。重点检查机房内和收信号有关的各部件以及连接线缆、接头部位等。曾经遇到过这样的故障，最后查下来是由 MCR 到滤波器的接收连接线接头部分内部断裂所致，更换连接线后故障恢复。

（4）如机房内也不能打电话，则应更换该小区的 MCR 板件。

2.2 华为基站近端维护及调试

2.2.1 BTS3900 基站维护及调试

1．基站近端维护的设置方法

（1）将便携机与 CMPT 单板的 ETH 网口用直连网线相连，并将便携机的 IP 地址与 CMPT 单板的 IP 地址设在同一网段，掩码为 255.255.0.0。

（2）telnet 172.16.16.16 登录基站，并使用用户名 system 和密码 system 进入系统。

2．基站近端维护及调试的操作

（1）查询基站单板版本信息（DSP BTSBRDVER）。查询基站单板的软件和硬件版本，包括单板 PCB 版本、BIOS 版本、软件版本、逻辑版本、CSM6700 芯片版本等。

命令格式如：dsp btsbrdver：brdtp＝cpmt，brdid＝0。

（2）查询基站单板状态（DSP BTSBRDSTAT）。该命令用于查询基站单板状态。

命令格式如：dsp btsbrdstat：brdpt＝bckm，brdid＝0。

（3）查询基站历史告警（LST HISALM）。查询基站所有历史告警（即曾经产生，后消失的告警）。如果单板复位，其当前告警将转变为历史告警，基站最多保存 20000 条告警（当前告警和历史告警）。

（4）测试 BTS 单板和模块。目的：执行单板或模块自检测试和环回测试，可初步判断单板或模块工作是否正常。

1）操作步骤

输入命令 STR CBTSSELFTST，启动自检测试。

输入命令 STR CBTSLPBACKTST，启动环回测试。

2）异常处理。通过重新拔插单板或模块面板上的电缆，排除因单板或模块的线缆未插紧而导致测试结果失败。通过更换单板或模块，确认是否为单板或模块故障。

（5）检查 BTS 天馈系统。执行命令 DSP CBTSBRDSPECSTAT，查询 BCKM/CMPT 状态，确认跟踪到的卫星数量。

（6）更换 BBU3900 盒体

1）在 LMT 操作维护系统中执行 MML 命令 ULD CBTSSW，上载基站数据配置文件到 LMT 上。

2）给 BBU3900 下电，并关闭给 BBU3900 供电的外部电源开关。

3）将 BBU3900 上的线缆作好标识后拔下并做好绝缘防护措施。

4）用十字旋具拧松盒体上的 4 个紧固螺钉。

5）从插槽里缓缓抽出故障 BBU3900 盒体。

6）将新 BBU3900 盒体装入原故障 BBU3900 盒体所在的槽位，平推进入。

7）拧紧新 BBU3900 盒体上的 4 个紧固螺钉。

8）开启 BBU3900 外部供电电源开关，给 BBU3900 上电。

9）在 LMT 操作维护系统中执行 MML 命令 DLD CBTSSW，下载备份的基站数据配置文件到新的 BBU3900 上。

10）在 LMT 操作维护系统中执行 MML 命令 LST CBTSVER，检查当前软件版本是否正确。

11）执行 MML 命令 STR CBTS，重启基站。

(7) 更换 CRFU

1）确定需要更换的 CRFU 模块的位置，在 LMT 操作维护系统中执行 MML 命令 BLK RES，闭塞故障 CRFU 所关联的所有载频。

2）执行 DSP RES 命令，查询所有载频是否处于"闭塞"状态。若是，则执行下一步。

3）将 DCDU-01 面板上对应的直流输出开关设置为 OFF，为 CRFU 模块断电。拆卸需要更换的 CRFU 模块的电源线，并粘贴临时标签。

4）用力矩扳手拧松射频跳线的 DIN 7/16 型公弯头连接器，拆卸射频跳线，并粘贴临时标签。

5）将 CPRI 接口电缆从 CRFU 模块拔下，并粘贴临时标签。

6）用十字旋具拧松 CRFU 模块四角的固定螺钉，使用专用拉手钥匙拆卸 CRFU 模块。

7）将新的 CRFU 模块沿滑道推入机框，紧固螺钉。

8）根据 CPRI 接口电缆上的临时标签，把连接器插入到 CRFU 模块的 CPRI_0 接口上。

9）将射频跳线的 DIN 7/16 型公弯头连接器连接至 CRFU 模块的"ANT"接口，并用力矩扳手拧紧 DIN 型公弯头连接器，紧固力矩为 25~35 N·m。

10）将 DCDU-01 面板上对应的直流输出开关设置为 ON，为 CRFU 模块上电。

11）执行加载命令 DLD CBTSSW 加载 CPU 软件和 FPGA 软件，加载顺序为先加载 FPGA 软件后加载 CPU 软件。

12）确认 CRFU 模块正常工作（RUN 指示灯 1s 亮，1s 灭）。

2.2.2 BTS3606 基站维护及调试

1. 基站近端维护的设置方法

使用 Telnet 软件在基站近端登录 BTS 的步骤如下：

用交叉网线将 WS 的网口与 BCKM 的网口相连,近端连接 BTS,如图 2—1 所示。

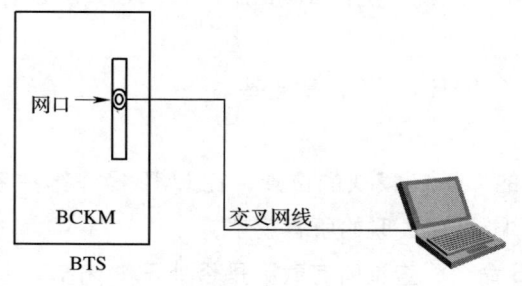

图 2—1 交叉网线连接法

单击桌面左下角任务栏中"开始"选项,在弹出的菜单中选择"运行(R)"。

在[运行]对话框中执行"cmd"命令,弹出命令窗口。

在命令窗口中执行"Pingxxx. xxx. xxx. xxx"命令验证 WS 与 BTS 网络连接情况。对于近端 Telnet 程序,BCKM 网口的缺省 IP 为:172. 16. 16. 16。

若连接正常,执行"Telnetxxx. xxx. xxx. xxx"命令登录基站。

2. 基站近端维护及调试的操作

主要使用的命令如下:

查询基站基本信息:LST BSCBTSINF。

查询基站单板版本:DSP CBTSBRDVER。

校验基站软件版本:CHK CBTSSWVER。

查询基站小区是否可用:DSP RES。

基站当前告警:LST ALMFE。

查询基站配置数:DSP CBTSCFG。

校验基站与 BSC 接口配置数据的一致性:CHK CBTSIFCFG。

查询基站链路状态命令:DSP CBTSLNKSTAT。

2.2.3 华为基站常见故障现象分析及处理步骤

1. 华为 FE 接口基站故障分析及处理步骤

(1) FE 故障处理思路如图 2—2 所示。

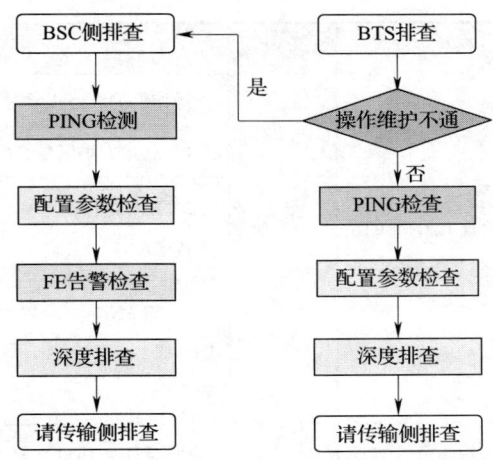

图 2—2 FE 故障处理

(2) PING 检测

1) PING 检测原理。PING 检测可以 PING 端口 IP 和单板 IP。通常 PING 用来检查下一跳层三是否正常，在层二网络中，BSC 与 BTS 为层三，BSC 的下一跳即为 BTS，反之亦然；在层三网络中，中间加入了路由器。因此 BSC 的下一跳为路由器，基站的下一跳亦为路由器，因此，此时 PING 检查时，就需要从 BSC、BTS 向路由器的端口发起 PING 包。如果 PING 下一跳端口 IP 正常，而 PING 单板 IP 失败，往往说明路由丢失，需要 BSC 或者 BTS 检查路由信息；如果 PING 下一跳端口 IP 失败，则说明物理层不通，需要【参数检查】和【告警检查】。

2) PING 检测方法

BSC 侧检测：通过 IPBRD PING 对端的端口 IP（层二为基站端口 IP，层三为路由器端口 IP），要求源 IP 必须为 BSC 接口板的端口 IP。

BSC 侧检测：通过 IPBRD PING 基站的接口板 IP，要求源 IP 必须为 BSC 接口板逻辑 IP。

BTS 侧检测：通过 STR CBTSPING 对端的端口 IP（层二为 BSC 的端口 IP，层三为路由器的端口 IP），要求源 IP 必须为 BTS 接口板端口 IP。

BTS 侧检测：通过 STR CBTSPING 对端为 BSC 接口板 IP，要求源 IP 必须为 BTS 接口板逻辑 IP。

(3) 配置数据检查项详见表 2—1。

表2—1　　　　　　　　　　　　基站配置数据检查内容

检查项	检查含义	检查结果	关注点
CHK CBTSIFCFG	检查 BSC 和 BTS 侧基本配置		操作维护链路正常时可参考执行 1. 载频、小区是否配置，或者配错 2. BTS 的操作维护、信令链路、业务链路是否配置或者配错 3. VLAN 是否配置，或者配错，层二组网 BSC、BTS 都要配置 VLAN，层三组网只有 BTS 需要配置 VLAN
LST CDMACH	检查载频的 EVDO 类型和配置		1. 确认是 DO0 还是 DOA 2. 确认频段是否配置错误 3. 确认载频 ID 是否正确
DSP CBTSFEPORTINFO	检查 BTS 的端口属性		确认端口属性为 100 M，全双工，非流控，端口状态正常
DSP ETHLNKSTAT	检查 BSC 的端口属性		确认端口属性为 100 M，全双工，非流控，端口状态正常
LST SRVVLANID	检查 BSC 侧的 VLAN 配置		检查 VLAN 配置是否一致
DSP CBTSCFG：BTSID = xx，CFGID = CBTSVLAN；	检查基站侧的 VLAN 配置		检查 VLAN 配置是否一致
LST IPBRDROUTE	检查 BSC 到基站的路由信息		BTS 的路由是否存在
DSP CBTSCFG：BTSID = 1 000，CFGID = CBTSIPROUTE；	检查基站的路由信息		BSC 的路由是否存在
DSP RES	检查载频是否开工		关注载频的类型是否正确

续表

检查项	检查含义	检查结果	关注点
LST BTSLNK & DSP CBTSFEPORTINFO	检查 BTS 的端口 IP 是否和 BSC 侧的配置一致		关注端口 IP 是否一致，不一致无法打通电话
DSP CBTSLICENSE/ DSP BSCLICENSECFG	检查 License 是否配置		1. 关注 1x 和 DO 的 CE 是否配置 BSC 级：MOD CEPERCENT BTS 级：MOD BSCBTSINF 2. 配置数目是否符合规划
DSP CBTSCFG： BTSID = xxx， CFGID = CBTSIPROUTE；	检查 BTS 的路由是否正确		1. 配置了几条路由 2. 路由是否配置 3. 路由配置是否正确

（4）FE 告警检查

排查如下 FE 相关告警，并根据处理意见进行修复。

851：以太网链路故障告警。

852：以太网链路发送缺陷告警。

853：以太网链路接收缺陷告警。

854：以太网链路环回告警。

320：双向转发检测失败。

2．华为基站设其他常见故障现象分析及处理步骤

（1）BTS3900 的 RFU 单板启不来，现象是 RFU 显示为灰色。

【可能原因】

1）RFU 没有上电。

2）HCPM 与 RFU 单板之间连线没有连好；HCPM 的 SFP 接口线松了（常见）。

3）HCPM 单板处于故障状态，现象是 HCPM 单板显示为灰色或紫红色（常见）。

4）RFU 单板故障。

5）HCPM 与 RFU 之间的连接线故障。

【解决方案】

第一步：检查是否上电。

第二步：检查 HCPM 与 RFU 之间的连线是否连好。最好将 HCPM 的 SFP 接口线重新拔插。

第三步：HCPM 单板故障参见问题 2。

第四步：如果 HCPM 正常开工，调换正常与不正常的 RFU。

第五步：调换连接线。

(2) HCPM 单板不开工？现象是 HCPM 单板显示为灰色或红色。

【可能原因】

1) CMPT 与 HCPM 版本不配套；GET CBTSBRDVER。

2) BSC，BTS 侧没有增加业务链路：ADD BTSTRFLNK；ADD CBTSIPTERTR-FLNK（常见）。

3) 时钟问题，基站侧配置成单板时钟，但 GPS 搜星不足（常见）。

4) BSC 侧与 BTS 侧没有配置扇区载频：ADD CELL；ADD CBTS CDMACH；ADD CBTSCELL；ADD CBTSSECTORCARRIER（常见）。

5) HCPM 单板硬件芯片故障。

【解决方案】

第一步：通过 DSP CBTSBRDVER 命令查看单板的版本信息，版本不匹配，需要进行升级。

第二步：检查对应的业务链路是否配置齐全，每一块 CCPM 板至少要有一条业务链路与之对应。

第三步：时钟参考源配置为板内时钟时，观察系统的锁星数目是否足够。如果不足，检查 GPS 天馈系统问题，并将 CCPM 板先用内部时钟开起来。

第四步：CCPM 板的所在的物理位置与资源池的关系是否正确，不正确则要调整资源池的配置。

第五步：通过 LST CELL，LST CDMACH。检查是否配置了扇区载频。

第六步：可以将开工的 HCPM 板与不开工的 HCPM 板对换，根据对换之后的结果检查是否为单板硬件的问题。

(3) 基站操作维护链路不通，现象为业务维护台 BTS 始终显示 X。

【可能原因】

1) 操作维护链路不通，每隔 5 min 重启一次基站。

2) 传输故障，告警为物理链路不可用，DSP E1T1STAT。

【解决方案】

第一步：检查物理传输，在局点 Abis 口都为 IP OVER E1，因此，可以通过 DSP

E1T1 状态查配置的 E1 是否可用。如果不可用，则说明是物理链路没连好，重新正确连接物理链路。

第二步：如果可用，但查看告警维护台出现信号丢失或滑帧，E1 闪断。则 E1 接头可能没接紧。

第三步：检查拨码开关是否正确，国内为 75 Ω。

第四步：检查基站接地线。

（4）基站每隔一段时间重启一次，现象为每隔一段时间业务维护台 BTS 前的"书本图标"变为"X"。

【可能原因】

信令链路不通，每隔 10 min 重启一次基站。

【解决方案】

第一步：通过 CHK CBTSIFCFG 来检查 BSC 与 BTS 的配置是否一致，如果出现了信令链路的配置不一致，原因肯定是 IP（BSC IP，BTS IP，BSC 与 BTS 接口板 IP，本端与对端 IP）配置有误，根据 CHK 出来的结果更正配置即可。

第二步：BTS 和 BSC 之间配置的 MLPPP 链路组中 PPP link 是否分布在 PO1Ba 的两块扣板上，如果分布在两块扣板上就会出现系统启动后 BTS 配置的基站链路会发生闪断。出现以上问题的解决方法就是调整 MLPPP 链路的配置，使 MLPPP 链路组内的 PPP link 分布在同一块扣板上。

在配置测试脚本时请务必在 BSC 与 BTS 侧将操作维护链路，信令链路以及业务链路都配好，并通过 CHK CBTSIFCFG 检测这三条链路不一致的信息。

（5）在业务维护台上，点击基站的设备面板时弹出"基站类型 3606AE 与基站类型 BTS3900 版本不匹配"消息。

【可能原因】

基站发货时，在基站 FLASH 以及前台的脚本中的基站类型为 3606AE 的站型。

【解决方案】

第一步：清除基站前台数据；CLR CBTSCFG。

第二步：配置新的脚本；SET CBTSINFO：BTSID =1, BTSTP =CBTS, BTSCLASS = BTS3900_ CDMA。

第三步：SAV CBTSCFG；保存数据到基站 FLASH 与 BAM 上。

第四步：RST CBTS（不是必须）。

（6）配置一个 S333 的基站，要求 S222 的 1X 和 S111 的 DO 混合，在 ADD CBT-

STRM 的时候，TRM0、TRM2、TRM4 分别对应 HCPM 的 0、1、2 光口，那么 HECM 和载频板的硬件有什么对应关系？

【解决方案】

信道板（HCPM，HECM）的 SFP 接口从右往左为 0、1、2，RFU0 连的是 SFP0，RFU2 连的是 SFP1，RFU4 连的是 SFP2。

HECM 和载频板的硬件的对应关系与 HCPM 和载频板的对应关系一样。

HECM 与载频板没有物理连接，而是通过 HCPM 板进行透传。

（7）双击基站图标出现版本不一致，请安装相关版本的解决方法。

【可能原因】

版本不匹配。

【解决方案】

打开自动升级开关即可，SET BTSAUTOLD。相关参考脚本如下：SET BTSAUTOLD：BTSNAME =" test"，BTSID =1，BTSTP =BTS3900_CDMA，SWT =ON。

（8）操作维护连路通后怎么判断基站升级是否成功？

【可能原因】

前期有些站点近端升级，或通过维护台升级（DLD CBTSALLSW），由于部分单板不在位或人为原因造成升级不彻底。

【解决方案】

方法一：使用 CHK CBTSSWVER 命令可以检查基站是否彻底升级，如果检查结果有红色报文，必须处理。

方法二：使用 GET CBTSBRDVER：BTSID = *；可以查看各单板的版本号，目前的版本见表2—2。

表2—2　　　　　　　　　各单板的版本号

单板类型	单板编号	软件版本	逻辑版本	备注
CMPT	0	V400R006C05B016	（U1）012（U70）015	
CPM	2	V400R006C05B016	（U1018）003（U2005）019	
TRM	0	01.018.03.001	（U70）63	
TRM	1	01.018.03.001	（U70）63	
TRM	2	01.018.03.001	（U70）63	

（9）基站配置多个载波无法建立，检查配置正确，怎么办？

【解决方案】

在专家命令模式下，通过命令 MOD BSCBTSINF 修改基站反响 CE 数量，能解决该问题。

（10）怎么查询配置在基站的命令？

【解决方案】

使用 DSP CBTSCFG 命令，输入基站号后，选择要查询的命令就可以了。还有一种方法就是使用 SAV CBTSCFG 命令，检查 BAM 上的配置文件，推荐用第一种。

（11）信令链路不通的处理？

【可能原因】

信令链路不通的原因有：

1) BSC 侧的信令链路没有配置（没有加 ADD BTSSIGLNK）。

2) BTS 侧的信令链路没有配置（没有加 ADD CBTSTERSIGLNK）。

3) BSC 与 BTS 侧的信令链路中的 BSC IP、BTS IP、基站接口板的 IP 配置有误。

4) 没有配置载频，PARC 平台下，不配置载频信令不通。

【解决方案】

第一步：使用 DSP SIGLNKSTAT 查询，如果显示未连接说明不通。

第二步：检查 BSC 侧的信令链路是否配置：LST BTSLNK。

第三步：检查 BTS 侧的信令链路是否配置：DSP CBTSCFG，查询配置参数选地面信令链路。

第四步：通过 CHK CBTSIFCFG 检查出不一样的内容，以 BSC 侧为准，进行修改。

（12）后续正式升级前要删除，为什么调试的基站要挂在 BSC 下？

调测的目的不仅仅是升级，还需要观察各业务单板在运输和出厂时是否正常（硬件），验证 GPS 安装点是否正确（多个晚上没有搜星不足的告警和日志），传输是否有误码，基站是否有异常日志和告警，BSC 在挂接多个基站的时候性能是否满足要求，以及我们的组网设置是否有问题。

（13）通过 DSP RES 显示除第一个载扇正常，其余载扇管理状态为"锁定"，操作状态为"禁止"的解决方法。

【可能原因】

1) 反向 CE 数不足，导致载频自动闭塞。

2) PN 与频点的间隔不合理（针对多扇区载频的情况）。

3）人为闭塞载频。

【解决方案】

第一步：在专家模式下，修改反向 CE 数目（MOD BSCBTSINF）。

第二步：确认是否是 PN 或频点间隔设置不合理，可以查看告警，是否有频点设置不合理。推荐：PN 间隔为 168，频点间隔为 41（LST CDMACH）。

第三步：如果上面都 OK，则应该是人为闭塞载频，通过 UBL RES 解闭载频。

（14）通过业务维护台资源跟踪查看发射功率跟踪，发现只有 0 号载频板的通道 0 有功率输出（配置 S111 站型），并且输出功率为 38.5。

【可能原因】

从描述可以看出，0 号载频板的 0 号载频的功率输出正常，当其他载频被闭塞时，没有功率输出。

【解决方案】

见问题 13 的解决方案。

（15）基站操作维护起不来。

【解决方案】

1）使用 DSP E1T1STAT 命令，检测 E1 状态，如果不通，请将物理连线调通。

2）使用 DSP PPPLNKstat/ DSP MPLNKstat，检测承载链路协商是否通过，如果不通，有如下几种可能：

①前提条件，基站出现反复复位，告警上面看的出来。——BSC 和 BTS 两侧链路配置不一致，通过已有方法解决（修改 BSC 侧配置/打开自动升级开关待复位）。

②前提条件，告警上面体现出来的是告警不恢复，一直存在。——传输原因，可能原因有：自环、有误码、连接头有问题等，可以观察其他伴随告警。

③两边配置所用 E1 线不一致。

3）鸳鸯线检测。

（16）告警上有 abis 信令链路中断（表现为基站约 10 min 复位一次，相关告警恢复后又产生）。

1）使用 DSP SIGLNKSTAT 提示未连接状态：

+++   NB－BSC03   2008－11－29 15:51:40

O&M   #43787

％％DSP SIGLNKSTAT：OBJ＝Abis，BTSID＝653；％％

RETCODE =0 执行成功

查询结果

框号   接口板槽号   SPUO 槽号   SPUO 子系统号   信令链路类型   信令链路状态
 2   24   10   0   CDMA2000 1X   结点处于未连接状态

(结果个数 =1)

---   END

【定位】检测两侧链路配置是否一致，可以通过 CHK CBTSIFCFG 查询出来，通过提示信息来解决。

2) 使用 DSP SIGLNKSTAT 提示未配置：

+++   NB－BSC03   2008－11－29 15：51：40
O&M   #43787
％％DSP SIGLNKSTAT：OBJ ＝Abis，BTSID ＝653；％％
RETCODE =0 执行成功

查询结果

框号   接口板槽号   SPUO 槽号   SPUO 子系统号   信令链路类型   信令链路状态
 2   24   10   0   CDMA2000 1X   结点未配置

(结果个数 =1)

---   END

【定位】原因是 BSC 侧小区、载频信息没有配置。

(17) 加载配置。

1) 通过 SET BTSAUTOLD 命令启动 BTS 自动加载开关。

【流程】基站复位起来后，优先从后台 BSC 读取配置信息到 BTS 侧加载并自动激活。激活完成后，比较当前软件版本和后台是否一致，不一致自动升级。

【注意】自动加载开关默认是关闭的，使用后将其关闭。

2) 通过 DLD CBTSSW 命令，手动加载 BTS 软件，如图 2—3 手动加载 BTS 软件。

【运用背景】基站已经起来，但当前配置差异较多，使用该命令重新加载后台数据。

【比较】A、B 比较起来，在操作维护没有问题情况下，B 不用复位基站，比较方便。

```
DLD CBTSSW: BTSID=123, OBJTP=BTS, SOFTTP=CFG, ACTM=AUTO;
```

历史命令(L):

命令输入(L): DLD CBTSSW

基站名称

基站编号 123

对象类型 BTS（基站）

软件类型 CFG（基站配置数据）

软件激活方式 AUTO（自动激活）

图 2—3　手动加载 BTS 软件

3）通过 DLD CBTSALLSW 命令，将基站软件版本进行升级，同时加载当前配置并激活。

【运用背景】基站操作维护起来，但是当前软件版本前后台不一致，并且数据配置需要重新做，才使用此命令对整个基站进行软件和配置加载并激活，耗时约 25 min。

【比较】B、C 比较起来，B 主要针对基站个别部分前后台不一致时操作，选择性较大，选择 C 就没有选择性。

（18）保存配置（SAV CBTSCFG）。

【作用】保存基站当前的运行数据到 BCKM/CMPT 的 Flash 中（即固化配置，基站断电配置依然存在），并上载到 BAM 上，作为下次的启动数据。

【意义】基站起来后，在维护台上进行数据配置，配置完成后，如果没有使用该命令，一旦基站复位，起来后原先配置信息全部丢失，和没有配置之前信息一样。

（19）载频未开工。

1）使用 CHK CBTSIFCFG 命令，对 BSC 侧和 BTS 侧两边配置数据进行检测，如果存在不一致情况，优先将其解决，保持两边配置一致。

2）没有分配反向 CE，通过 LST BSCBTSINF 命令，检测该站下反向 CE 数是否已经分配。

3）BTS 配置有误，以 1X 和 DO 载频为例，1x 占用 0 号资源池，DO 新建 1 号资源池。

业务链路如果只有一条，都需要分别指配到资源池里面。

如果存在多条，1x 的要分配给 0 号资源池，DO 的要分配给 1 号资源池。

1x 载频配置在 0 号资源池里面。

DO 载频配置在 1 号资源池里面。

频点间隔配置太小，换另一个频点试试。

使用 RPT CBTSLOG 命令，导出基站侧运行日志，研发定位。

（20）语音呼叫不通。

【定位】检查是否分配了反向 CE 数：

```
+++    NB-BSC03            2008-11-29 15:39:03
O&M       #43760
%%LST BSCBTSINF：BTSTP=IBSC，BTSID=1000；%%
RETCODE=0   执行成功
基站基本信息
------------
```

基站编号   框号   SPUO 槽号   SPUO 子系统号   基站名称   基站信令
IP 地址   上级基站号   Abis 容量优化开关   Abis 优化时 CRC 校验开关
Abis 优化反向帧周期（帧）   1x 反向 CE 数   DO 反向 CE 数   基站功率类型
Abis 冗余传输开关   带内自适应滤波抗干扰开关   1 000   2   103
A3A7 测试   80.126.3.232   -   关闭   关闭   3   20   20
小功率   关闭   关闭

（结果个数=1）

--- END

【定位】业务链路配置错误，带宽不足。

第 3 章

C 网室内分布系统

学习目标

- ☑ 熟悉 C 网室内分布系统的构成。
- ☑ 掌握 C 网室内分布系统的维护方式。
- ☑ 掌握 C 网室内分布系统故障的排查方法。

3.1 室内分布系统介绍

3.1.1 室内分布系统概述

近年来,随着移动通信的快速发展,移动电话已逐渐成为人民群众日常生活中广泛使用的一种现代化通信工具,同时广大用户对移动通信服务质量的要求也越来越高,人们已不再单单满足于良好的室外移动通信服务,而且也要求在室内(特别是星级酒店、大型商场、高级写字楼等)能享受优质的移动通信服务。

而现代建筑由于多以钢筋混凝土为骨架,再加上全封闭式的外装修,对无线电信号的屏蔽衰减特别厉害,使通话质量严重下降。具体影响如下:在大型建筑的低层、地下商场、地下停车场等环境下,基站接收信号十分微弱,导致手机无法正常使用,形成了信号覆盖的盲区;在大型建筑的中间楼层,由于手机可以接收到周围多个不同基站的信号,使基站信号发生重叠,产生乒乓效应,严重影响了手机的正常使用;在大型建筑的高层部分,进入室内的无线信号非常杂乱,既有附近几个基站的信号,也有不远处基站的信号通过直射、折射、反射、绕射等方式进入室内,导致室内接收信号忽强忽弱极不稳定,同频、邻频干扰十分严重。手机在这种环境下使用,在空闲状态时小区重选频繁,在通话过程中频繁进行切换,话音质量受到极大影响,容易产生掉话现象。另外,在有些建筑物内,虽然手机能够正常通话,但是用户密度太大,信道十分拥挤,手机上线困难。在进入3G时代以后,室内的数据话务量(吞吐量)所占的比例越来越高。

因此，如何解决好室内信号的覆盖问题，满足广大用户的需求，提高网络质量，已变得越来越重要，也成为网络优化工作的一个重点。为解决以上所说的室内信号覆盖不理想的问题，目前最有效的解决方法是在建筑物内安装室内覆盖分布系统，就是将基站的信号通过有线方式直接引入到室内的每一个区域，再通过小型天线将基站信号发送出去，从而达到消除室内覆盖盲区、抑制干扰的目的，为楼内的移动通信用户提供稳定、可靠的室内信号，使用户在室内也能享受高质量的移动通信服务。

综上所述，室内分布系统主要解决以下问题：

第一，改善建筑物内的盲点。

第二，改善建筑物内的移动通信网络的质量。

第三，吸收话务容量。

无线网室内分布系统由两部分组成：信号源和室内天馈线分布系统。

1. 信号源

无线网室内分布系统的信号源设备包括微基站、射频拉远（RRU）、射频直放站、光纤直放站等，部分老的场点可能还会出现宏基站直接耦合的情况。

2. 室内天馈线分布系统

室内天馈线分布系统主要包括：有源设备、无源器件、天线、缆线等。有源设备主要包括基站、直放站、干放等；无源器件包括耦合器、功分器、合路器、POI（Poin of Interface）等。

如图 3—1 所示是一个室内天馈线分布系统的简单示意图。其中 S/C 代表耦合器或功分器。并不是所有的室内分布系统都需要有源设备，室内的覆盖面积不是很大，前向功率足够的情况下不需要用干放或光放，而直接用信号源，这种室内分布系统一般被称为纯无源系统。

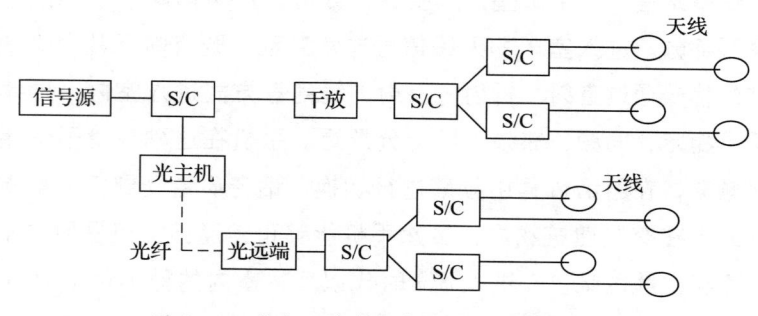

图 3—1 室内天馈线分布系统的简单示意图

3.1.2 信号源及有源设备

所谓有源设备是指需要提供额定电源才能进行正常工作的设备。有源设备一般需要提供信号处理（比如数模转换、模数转换、变频、降噪等）和功率放大两方面的作用，因此必须提供额定电源才能工作。而有源设备往往是一个室分系统的核心部分。室分系统的有源设备又主要分为两部分：信源、功率放大设备。室内分布系统的信号源一般是微基站、射频直放站、光纤直放站以及较新型的光分布系统设备。功率放大有源设备主要包括干放和光干放。实际上光干放和光纤直放站是同一种设备，只是作为有源设备使用时经常叫做光放。

1. 微基站

微基站是室内分布系统中的重要组成部分，在上面几章中已经介绍过了。下面简单介绍一下上海电信 CDMA 室内分布系统中主要的基站设备：

（1）阿朗 9224 基站设备。9224 Sub-Compact 采用单机柜配置，在输出功率为 20 W/载频/扇区时，可支持 6 载频/3 扇区。9224 Sub-Compact 作为室内分布系统基站时，在输出功率 20 W/载频/扇区情况下，最多可支持 3 载频/扇区，在低功率输出时能够支持更多的载频。支持扇区及载频间的信道单元共享，采用直流供电方式。9224 Sub-Compact 支持主机柜加扩展机柜的配置。相应的最大容量由原本的 4 载频/3 扇区增加到 8 载频/3 扇区，当配置为 2 载频/3 扇区时，最大输出功率为 60 W/载频/扇区。

（2）阿朗 9222 基站设备。9222 Micro 采用单机柜配置，满功率输出时，最大可支持 1 扇区 7 载频配置。最大输出功率为 20 W/载频/扇区，支持载频间的信道单元共享，采用直流和交流供电方式。总功率输出为 40 W。9222 Micro 作为室内分布系统基站时，在输出功率 20 W/载频/扇区情况下，最多可支持 2 载频/扇区，在低功率输出时能够支持更多的载频。

（3）阿朗 9234 基站设备。9234 d2U 分布式基站的基带单元 BU 支持机架、壁挂等安装方式，同时支持 1X 和 EVDO RevA，支持 3 个 RU 端口，采用 −48 V 直流供电。9234 d2U 分布式基站的射频单元 RU 支持 40 W 的机顶输出功率，既可以配置成 20 W/载频/扇区，也可通过降功率支持更多载频，同时支持 1X 和 EVDO RevA，采用 −48 V 直流供电。满配置的 9234 d2U Distributed 的 BU 模块可同时支持 16 个载扇。

（4）阿朗 9226 基站设备。9226 Compact 基站可以同时支持主机柜加扩展机柜的配置。最大容量为 8 载频/3 扇区。支持载频间的信道单元共享，支持 DC/AC 电源应用。满配置的 9226 Compact 基站主机柜可支持 4 载频 3 扇区。每个 9226 Compact 基站机柜最多可配置 6 块 PAM。9226 Compact 作为室内分布系统基站时，最大机顶输出功率为 100W，最大输出功率为 20 W/载频/扇区。

（5）华为 3900 基站设备。DBS3900 由 BBU3900 和 RRU3606 两部分组成，采用 CDMA 1X、1xEVDO 全兼容设计，DBS3900 可根据需要在 BBU3900 内插入新的信道处理板，增加新 RRU3606 实现站点扩容。RRU3606 支持最大 60 W（4 载波）的机顶输出功率。

2．无线射频直放站

CDMA 移动通信无线传输直放站是扩大网络覆盖、提高网络质量、降低网络成本、实现网络优化非常重要的工具。其使用目的是将通信信号直接放大，采用无线射频的方式将室外的信号延伸到室内，通过将较弱（一般接收电平值在 −75 dBm 以下，过强需要在无线直放站的信号输入端加装衰减器）的接收信号线性放大，扩大信号的覆盖区域，改善通信质量；同时还对不同基站的话务量进行有效的调配。

无线射频直放站的典型系统组网图，如图 3—2 所示。

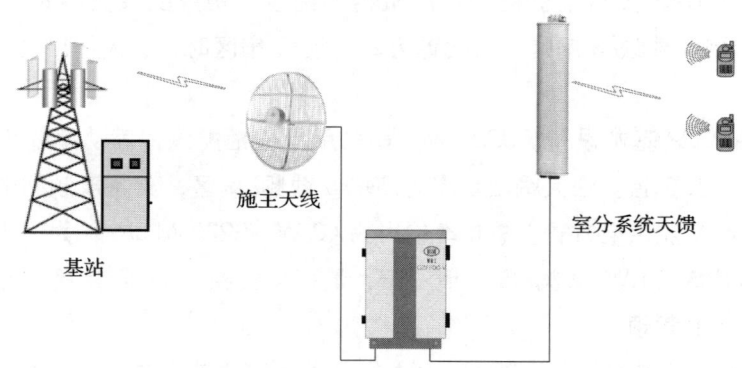

图 3—2　CDMA 无线射频直放站典型系统组图

无线射频直放站的工作原理：

（1）上、下行信号的处理。无线直放站工作时，首先施主天线接收来自基站的信号，该信号进入双工滤波器滤除带外的无用信号后，再由低噪放大器将信号放大，然后进入功率放大器，放大后由重发天线输出。

上行信号同下行信号的处理过程相似，只是频率不同，移动台信号经由重发天线接收并经相应的放大处理后,再由施主天线送到施主基站。

(2) 主要模块及其特点

1) 双工滤波器。双工滤波器是紧接于天线后面的部件,它要保持收/发信号之间的隔离度,并且滤除带外信号。射频双工滤波器大多采用腔体方式构成。

2) 低噪放大器。在直放站中,上、下行信号首先都要经过低噪声放大器(LNA,Low Noise Amplifier)处理,低噪声放大器具有良好的微弱信号放大能力,同时放大器引入的噪声比较低,避免将微弱信号"淹没"。

3) 功率放大器。功率放大器是组成直放站的重要部件,主要功能是把要转发的信号线性放大到需要的功率上。功率放大器的放大倍数可以通过直放站的设置界面进行调节,一般步进值为 1 dB。

4) 选频模块。选频模块的作用是选择相应的一个或者多个频点进行信号处理和功率放大。有选频模块的直放站称为选频直放站,不带选频模块的称为宽频直放站。因为选频模块可以只选择需要放大的频点进行放大处理,具有更好的效果和更低的干扰。

5) 监控单元。为了确保直放站正常工作以及能够及时发现设备的问题,并能将直放站的工作情况汇总至网管中心,一般在直放站内均设有监控单元。监控单元可以检测直放站内部各个部件的工作情况、参数变化情况,并能够对主要参数进行设置。监控单元通过无线 Modem 或者有线传输的方式,可将监控信息传至网络监控系统。

6) 电源。大部分直放站使用交流电源,在经常断电的区域,还可以采用带有蓄电池(组)浮充的电源,可配备蓄电池,在一些能源短缺的偏远山区还可以使用太阳能电源或风力电源等。

3. 光纤直放站(光干放)

光纤直放站是以光纤作为传输媒介,利用光传输的低损耗特性,将射频信号转化为光信号作远距离传输的设备。光纤直放站通过近端机(中继机)将射频信号转变为光信号传送到远端,再由远端机将光信号转变为射频信号,放大后经用户天线对覆盖区进行覆盖。光纤直放站通过光纤传输和射频覆盖相结合的方式双向放大基站上、下行链路信号,有效扩展基站覆盖范围,提供灵活的覆盖解决方案,提高通信质量,从而改善与优化移动通信网络。

光纤直放站近端机和远端机都包括射频单元和光电转换单元。射频信号从基站侧耦合(无线接收)后,经衰减器(前端放大)将信号电平调整至合适功率后馈入光端机,通过光端机进行电光转换后,光信号经光缆传输至远端。远端光端机再将光信号转为射频信号,通过射频模块放大后经用户天线对覆盖区进行覆盖。上行链路的工作原理与下行链路相仿。

光纤直放站主要包括两种工作方式：

（1）点对点方式。设备内部的光盘模块已经集成了波分复用器。一拖一组网时只要将近远程设备用光纤直接连接即可。该方式组网结构如图3—3所示。

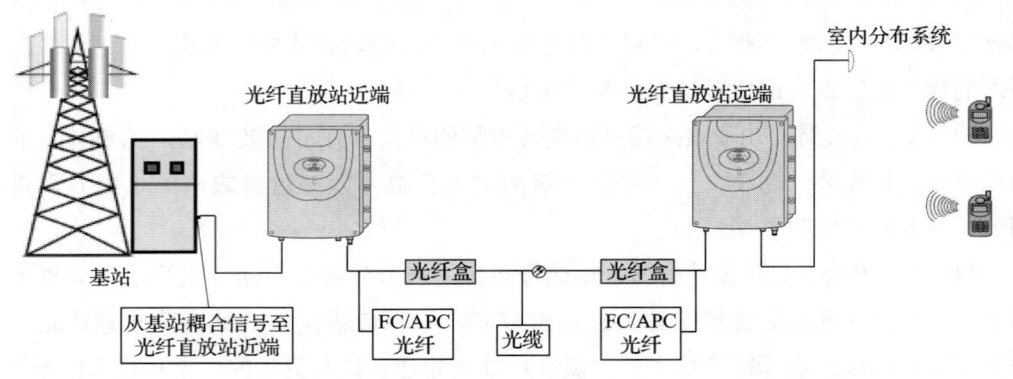

图3—3 光纤直放站点对点组网图

（2）点对多点方式。这种组网方式需要使用一个双窗口的光宽带耦合器（光宽带耦合器已经集成到设备里），将光链路分成需要的支路，一般情况下一个近端建议最多接3个远端。该方式组网结构如图3—4所示。

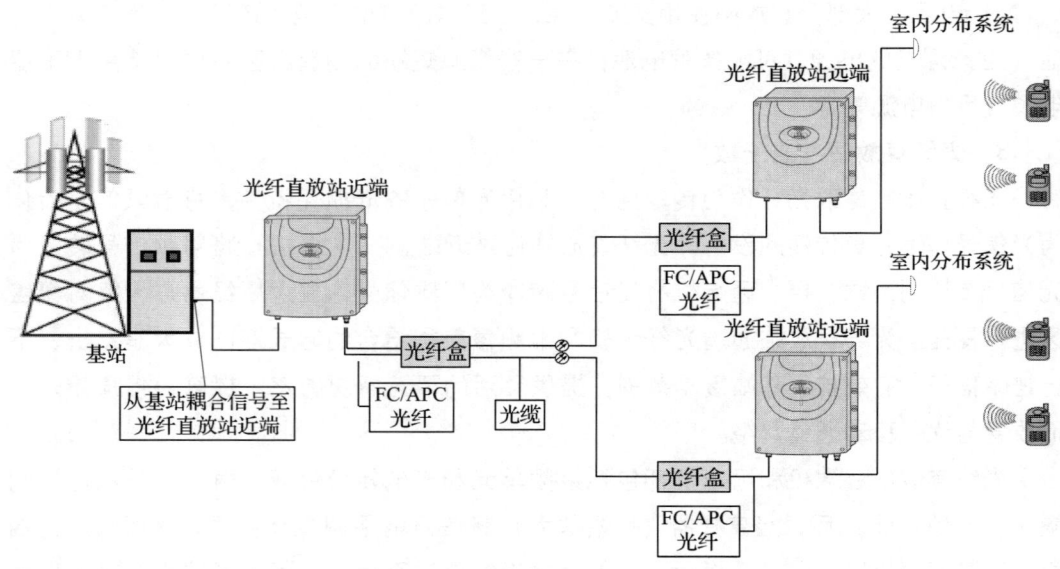

图3—4 光纤直放站点对多组网图

4．干放

干放的工作原理：干线放大器主要用于室内分布系统中，对直放站或微蜂窝的信号进行同频放大，再经过功分器、耦合器、馈线、天线等室内分布系统的合理分布，达到扩展网络覆盖的目的。

干放的参数特征见表3—1。

表3—1　　　　　　　　　　干放典型参数

频率范围	UL：825～835 MHz；DL：870～880 MHz 或客户定制
输出功率	30 dBm/33 dBm/37 dBm/40 dBm
最大增益	55 dB
输出时延	≤1.5 μs
杂散发射	≤－36 dBm@9 kHz～1 GHz；≤－30 dBm@1 GHz～12.75 GHz
供电电压	交流160～285VAC 或直流20～60VDC
监控接口	本地：DB－9 RS－232；远程：数据方式与短信方式
工作环境	－5～45℃，5%～95%
外形尺寸（mm）	351×460×146
重量	15 kg

3.1.3　无源器件及馈线、天线

无源器件是对应有源器件的一种器件类型，无源器件不需要提供电源即可正常工作。在室分系统中，主要包括耦合器、功分器、馈线、合路器、天线等。下面分别进行介绍。

1．耦合器

耦合器是将信号从一路分至多路（直通端和耦合端）的元件，该分配方式是一种非等分的方式，耦合器的逻辑示意图如图3—5所示。

耦合器的实物如图3—6所示。

表3—2列出了常见耦合器的主要技术规格。

2．功分器

功分器是将信号平均分配到各个支路上的一种无源器件。二功分器表示可以将输入信号平均分配到2个支路上，依此类推。如图3—7所示是一个二功分器的逻辑示意图。

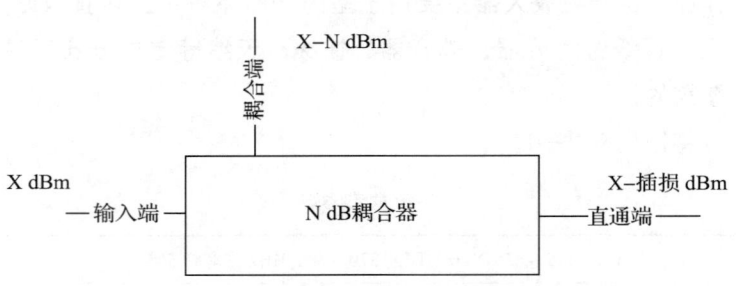

图3—5　耦合器逻辑示意图

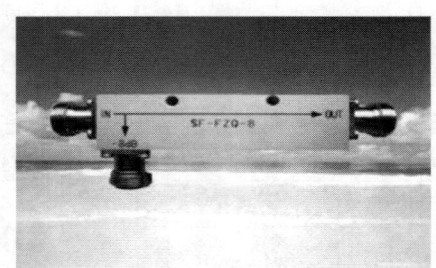 

图3—6　耦合器实物图

表3—2　　　　　　　　　常见耦合器技术规格

项目	规格				
	5 dB	7 dB	10 dB	15 dB	20 dB
插入损耗	≤1.7 dB	≤1.2 dB	≤0.7 dB	≤0.3 dB	≤0.3 dB
VSW 驻波比	≤1.4				
耦合损耗	5 dB	7 dB	10 dB	15 dB	20 dB
最大输入功率	15 W				
连接器（接口）类型	N – Female（N型母头）				

常见的四功分、三功分、二功分的器件实物如图3—8所示。

表3—3是常用功分器的典型参数指标。

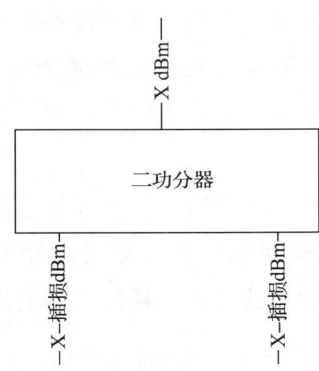

图 3—7 二功分器逻辑示意图

图 3—8 功分器实物图

表 3—3　　　　　　　　　功分器典型参数

项目	规　　格		
	1∶2	1∶3	1∶4
插入损耗	≤3.5 dB	≤5.5 dB	≤6.5 dB
阻抗	50 Ω		
VSWR	≤1.5		
最大输入功率	15 W		
连接器（接口）类型	N – Female		
尺寸（mm）	90×70×20	118×73×21	118×73×21
重量（kg）	0.2	0.32	0.34

3. 馈线

室分系统所用的馈线是一种同轴电缆。不同规格的同轴电缆的传输损耗、价格成本等相差很大。因此，应根据实际需要在满足覆盖效果的前提下，尽可能节省成本，使用较低标号的馈线。馈线前面的数字如（1/2、7/8）表示馈线外层导体的直径，单位是英寸。

馈线具有随着线径缩小、传输距离增加、传输信号频率增高，其传输损耗相应增加的特性。信号覆盖施工中可能用到的馈线型号包括8D 线、1/2 馈线、7/8 馈线、13/8 馈线等。室内分布系统常用馈线及其损耗情况见表3—4。

表3—4　　　　　　　　室分常用馈线及损耗

馈线规格	信号频率（MHz）	传输损耗（dB/100 m）
1/2 馈线	800	6.9
	2 450	12.1
7/8 馈线	800	3.9
	2 450	6.9

4. 合路器

合路器是将两个（或多个）频率的信号合成一路的一种无源器件。比如 CDMA 的 800 MHz 信号和 WLAN 的 2.4 GHz 信号。一般用在主干线上，进行信源信号的合路。如图3—9 所示为合路器逻辑示意图。

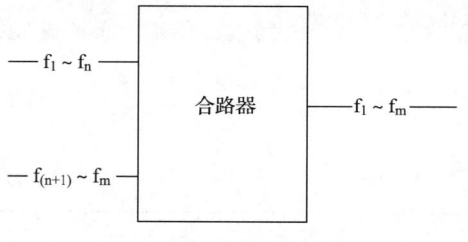

图3—9　合路器逻辑示意图

5. 室分天线

（1）吸顶天线。一般为全向天线。增益范围为 2~5 dBi，可安装在天花板等地方，增益小，方向性差。

（2）壁挂天线。一般为定向天线，有板状天线、八木天线等。增益范围为 7~10 dB 不等。主要应用于覆盖长条形的走廊和安装吸顶天线有困难的场所。因为其相对全向吸顶天线具有增益高、方向性好的特点，也可以用于施主天线、电梯等场所。

（3）特殊场合（如隧道、地铁、电梯、大厅等）应用天线。要求辐射性能特定，安装方式特定，因此电性能及安装结构需特定设计。

当前室内覆盖系统比较多采用全向吸顶天线和壁挂天线，这类天线外形小巧，容易安装，不影响室内美观。

3.2 室内分布系统的维护

室内分布系统建成后，需要进行验收和维护。维护主要包括日常巡检维护以及故障处理等。其维护内容主要有以下几个部分。

3.2.1 远程监控

远程监控指通过监控网管查询信号源以及有源设备的状态是否正常。有条件的地方还可以安装网络监控仪进行时分系统内无线环境的监控。

各厂商的基站一般都有比较可靠的监控网管，直放站、光干放等有源设备也应该建立监控网管，而一些老的干放设备则应该采用安装网络监控仪的方法进行监控。通过这些监控网管系统可以直接看到主机的工作状态，是否有告警出现，查询下行输出功率、上行底噪等参数，判断系统是否出现问题。

如图3—10所示向我们展示了一个典型的远程监控网管系统的组网结构。

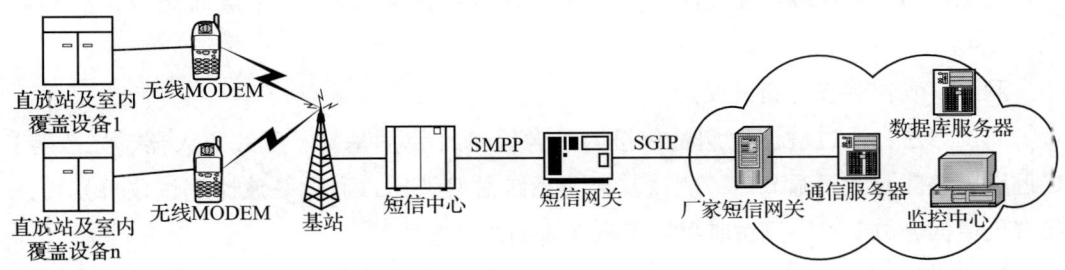

图3—10　远程监控网管系统组网结构

3.2.2 驻波比检测

驻波比，全称为电压驻波比，又名VSWR或者SWR，为英文Voltage Standing Wave Ratio 的简写。在入射波和反射波相位相同的地方，电压振幅相加为最大电压振幅V_{max}，形成波腹。在入射波和反射波相位相反的地方电压振幅相减为最小电压振幅V_{min}，形成波节。其他各点的振幅值则介于波腹与波节之间。这种合成波称为行驻波。驻波比是驻波波腹处的电压幅值V_{max}与波节处的电压幅值V_{min}之比。

在无线电通信中，天线与馈线的阻抗不匹配或天线与发信机的阻抗不匹配，高频能量就会产生反射折回,并与前进的部分干扰汇合发生驻波。为了表征和测量天馈系统中的驻波特性,也就是天线中正向波与反射波的情况,人们建立了"驻波比"这一概念。

$$SWR = R/r = (1+K)/(1-K)$$

$$反射系数 K = (R-r)/(R+r)$$

(K 为负值时表明相位相反)

式中 R 和 r 分别是输出阻抗和输入阻抗。当两个阻抗数值一样时,即达到完全匹配,反射系数 K 等于0,驻波比为1。这是一种理想的状况,实际上总存在反射,所以驻波比总是大于1的。

在室内分布系统中,由于无源器件、馈线、天线分布比较复杂,所以驻波比的检测非常重要,一般在室内分布系统建设验收和排障的时候进行。对整个分布系统完整的驻波比测试要求大致如下:

测试室内及分布系统天馈系统的驻波比,包括无源系统的整体驻波比和水平层面的整体驻波比。

指标:CDMA 800M 频段内无源系统整体驻波比<1.4,水平层面无源系统驻波比<1.4。

测试仪表:驻波比测试仪。

测试方法:通过驻波比测试仪接入有源设备(包括基站、干线放大器、光放等)最近点天馈部分的无源节点,测试其无源系统总驻波比;通过驻波比测试仪分别接入每层天馈部分总节点,测试其平层无源系统的总驻波比。

3.2.3 现场信号检测

1. 具体采样点的选择

(1)测试前收集测试楼宇信息:确定测试楼宇名称、地址、层数、楼层用途、是否有地下室、电梯数量及周边无线环境。

(2)测试楼层选择:测试楼宇的顶层、地下室、底层及主要客运电梯需要进行测试。楼宇中部以5层一测的标准进行,高于50层的楼宇以10层一测的标准进行。

(3)同一楼层中的采样点选择:在普通结构楼宇某一楼层进行测试时,以东南西北中五个方位靠近窗口的位置作为采样点。在特殊结构的楼宇某一楼层进行测试时,选取楼宇不同方向的边缘位置(最好为窗边位置)作为采样点,相邻采样点至少相距

20 m 且在视距范围之外。在某一楼层内若遇到如下用户经常活动的地点，也要作为采样点进行测试：

1）大楼出入口、电梯口和建筑物内中心位置。

2）人流密集的位置，包括大堂、餐厅、娱乐中心、会议厅、商场和休闲区等。

（4）在特殊用途测试点，如医院、学校、酒店等，需将人员聚集较多区域作为采样点。

2．CDMA 1X 语音测试方法

（1）采用 C 网手持测试手机拨打 10001 或者其他 C 网手机。设置正确后，手机自动记录数据，并上传服务器。手机具体设置在本文后半部分有详细说明。

（2）分别用 201 频点和 283 频点的测试手机，在每个采样点位置主叫、被叫各 5 次，每次通话时长 60 s，呼叫间隔 15 s。

（3）测试过程中应作一定范围的慢速移动和方向转换，模拟用户真实感知通话质量。

（4）测试时观察测试手机上（1X 基本信息）显示的当前占用 PN、RxPwr、E_c/I_o、TxPwr，并作相应记录。

（5）测试基本问题分析。测试指标 RxPwr 低于 -90 dBm 或 TxPwr 高于 10 dBm 或 E_c/I_o 低于 -12 dB，表示 1X 无线信号较差。

语音测试过程中可以采集到的网络主要信息包括手机的接收功率、手机发射功率、手机发射功率调整、手机 FER 以及相关信令信息。路测过程中可以根据测试到的信息定位系统可能存在的前向链路干扰问题和反向链路性能问题。

1）前向链路干扰问题定位分析。测试过程中可以采集到的重要信息包括 E_c/I_o、RX、TX、TX_ADJ 以及 FER。

这些参数有相互的关系，手机接收功率代表接收到的 1.228 8 M 频带内的所有功率。如果前向链路接收功率 Rx 比较好的情况下，E_c/I_o 比较低，这种情况一般是有其他能量泄漏到了有效的 1.228 8 M 带宽内，具体来说就是网络存在前向干扰。如果前向存在干扰，除了 E_c/I_o 比较差之外，系统 FER 也比较高。

2）反向链路干扰问题定位分析。CDMA 基于高效的功率控制机制，这使得手机和基站的发射功率有一定的关系。对于良好的无线传播环境来说，一般经验数据为 Rx + Tx 在 -75 ~ -85 dB 之间属于正常情况，如果 Rx + Tx > -75 dB，一般情况下系统反向链路可能有问题。

导频污染分析通常也可以通过分析测试数据来完成。通过路测，记录 PSMM 消息，可以发现导频污染。最常见的导频污染有无主导频和强分支太多两种情况，分析如下：

无主导频：四个分支的导频强度都在 TADD！1.5 dB，而且四个分支互相之间的强度差也在 1.5 dB 以内，没有主导频。

分支数太多：导致被测区域 Total E_c/I_o 较差。

同时也可以直接通过手机的 DEBUG 窗口检查基站天线是否安装正确。

在基站的某个扇区底下，正对天线，设置手机模式，进入手机的 DEBUG 窗口，观察信号的强度。如果 Rx 低于正常范围，说明基站前向通道有问题，信号没有正常输出。可以检查天馈、功放、前向通路等。

3. CDMA EVDO 数据业务测试方法

（1）采用 C 网手持测试手机自动从服务器下载文件。设置连接参数，正确后，手机自动记录数据，并上传服务器。手机具体设置在本文后半部分有详细说明。

（2）在每个采样点位置进行持续 3 min 的下载测试。

（3）测试过程中应作一定范围的慢速移动和方向转换，模拟用户真实感受。

（4）测试时观察测试手机上（DO 基本信息）显示的当前占用 PN、下载速率、SINR、DRCReq，并作记录。其中（稳定下载情况下）下载速率低于 300 kb/s、SINR 低于 –3 dB、DRCReq 低于 300 kb/s 表示 DO 无线信号较差。

（5）DO 网络测试优化。DO 网络的测试优化与 1X 网络测试优化方法与手段大体一致。测试时间建议在 DO 网络负荷较轻或者空载情况下进行，以便于定位网络问题。

通过前台测试软件采集测试数据，然后利用后台软件对路测数据进行分析。可以获得网络的导频覆盖情况，手机接收、发射功率情况，单扇区覆盖情况，以及前反向数据速率等。

通过对路测数据进行统计分析，可以对 DO 网络优化方向起到指引作用。

4. DO 测试基本分析流程

主要包括网络的覆盖、终端接收电平、网络负荷或干扰等内容。以数据速率为例给出 DO 网络路测分析的基本流程图，根据此流程可以逐步定位网络可能存在的基本问题。

路测分析的基本流程如图 3—11 所示。

根据上图的分析思路，基本可以判断导致 DO 前反向数据速率较低的原因，从而可以进一步有针对性地开展优化工作。

5. 部分 C 网测试手机使用方法

进入手机工程模式设置（见表 3—5）。

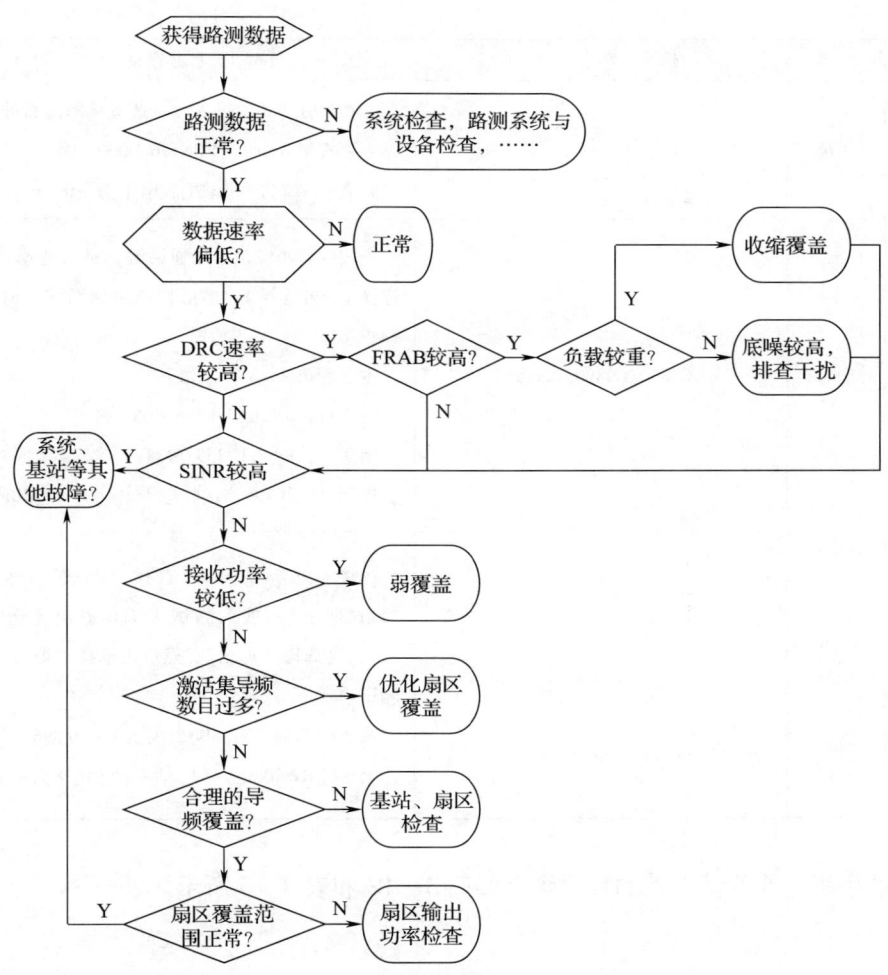

图 3—11 DO 测试基本分析流程图

表 3—5　　　　　　部分 C 网测试手机进入工程模式设置

序号	品牌	型号	使用方法
1	三星	X199	按 M8 * 键进入测试模式，密码 123580，进入后可以按左右键查看参数。再次按 M8 * 键退出，密码仍然是 123580 主要看第三行： 如 PN396 D065－04，表示 PN 为 396，接收电平 Rx 为 －65 dBm

续表

序号	品牌	型号	使用方法
2	三星	S189	*759#813580，进入后，选择诊断画面进入 主要看第4行，如 PN396 D060－04 就表示 PN 为 396，接收电平为 －60 dBm
3	华为	C2860/C2800/C2600	先按##497613，再按通话键，进入选择2，然后选择1，再选择1，然后按结束通话键。退出还是##497613 主要看第2～3行，如下 第2行：0 C0201 P396 R65 第3行：E4 3 U 359 T024 表示 PN 为 396，接收电平 Rx 为 －65 dBm
4	中兴	C321＋	先按*983*2486#，选择"调试"，然后选择"调试屏幕"，进入测试画面。退出先选择"确认"，再选择"退出"，然后再选择"退出"，退出测试模式 第3行 Pilot PN：396，表示 PN 为 396 第6行 Rx dBm：－59，表示接收电平为 －59 dBm

测试手机主要测试参数的具体含义如图3—12和表3—6所示。

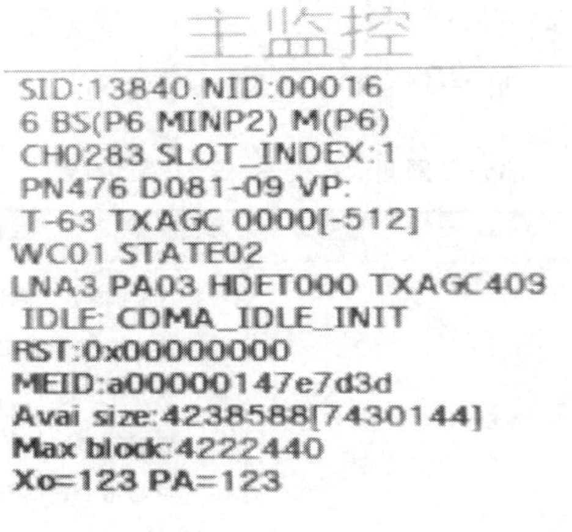

```
主监控
SID:13840 NID:00016
6 BS(P6 MINP2) M(P6)
CH0283 SLOT_INDEX:1
PN476 D081-09 VP:
T-63 TXAGC 0000[-512]
WC01 STATE02
LNA3 PA03 HDET000 TXAGC409
 IDLE CDMA_IDLE_INIT
RST:0x00000000
MEID:a00000147e7d3d
Avai size:4238588[7430144]
Max block:4222440
Xo=123 PA=123
```

图3—12 测试手机界面

表 3—6　　　　　　　　　测试手机主要测试参数的具体含义

具体参数	含　义
SID	系统识别码 一般一个地市只有一个 SID 码，用于辨别手机是否漫游，每个地市的 SID 码不一样
NID	网络识别码
CH283	表示信道号为283，对应的下行频率为 878.49 MHz
PN476	PN 码为476，属于第三扇区。PN 码用于区分不同小区，一个基站三个小区，每个小区相差168个 PN，当 PN 偏置为4时第一小区的 PN 码范围为4—168，第二小区的 PN 码范围为 172—430，第三小区的 PN 码范围为 344—511
D081	表示手机的接收功率为 −81 dBm
−09	表示 E_c/I_o 值为 −9dB
T−63	表示 TxAdj 的参数，即手机自动调整增益，手机在待机情况下显示为 T−63
WC01	表示前向信道，使用寻呼信道01。Walsh 码用于区分不同的前向信道，WC00 为导频信道，WC01−07 为寻呼信道，WC32 为同步信道，WC08−31 和 WC33−63 为业务信道，当手机待机情况下显示为 WC01

3.2.4　室内分布系统底噪的检测

1. 底噪的含义

RSSI（Received Signal Strength Indicator）含义是反向接收信号强度指示（也就是 CDMA 现网中经常提到的底噪）。基站侧 RSSI 用于反映基站天线口载波接收信号强度，是判断反向链路工作状态是否正常，判断系统是否可能存在外部干扰的一个重要指标。

基站侧 RSSI 异常，会严重影响接入性能、语音质量、接入保持状态、数据业务吞吐率等网络关键性能，导致用户感知度变差。

2. 室内分布系统底噪排查流程

无源分布系统、有源分布系统、光纤分布系统都有可能直接影响基站的底噪，排查流程如下：

(1) 后台排查阶段

1) 通过网管系统对相关告警、相关参数进行排查。

2) 通过操作日志对相关升级、板件变动、载频增减进行排查。

3) 通过后台相关工具对 RSSI 变化情况进行定性分析。

4）通过与相关部门沟通获取优化变动和工程变动情况。

（2）现场基站设备排查阶段

1）通过基站运行灯指示，判断基站及各板件运行状态。

2）通过调整天线方位角等方法判断是系统内部产生的干扰还是从空口进入的外部干扰。通过器件互换或者连接假负载方式，判断是基站设备存在问题，还是其他器件问题。

（3）排查外部干扰阶段。使用扫频仪对外部干扰进行排查。

（4）排查无源/有源器件阶段。主要对与基站设备连接的直放站、干线放大器、功分器和耦合器进行排查。

（5）排查天馈系统阶段。从机顶1/2馈线开始，对馈线、接头、避雷器和天线进行逐段排查。

其中步骤（4），（5）是室内分布系统对底噪的影响排查阶段，且底噪的大部分产生原因都和室内分布系统有关。

以下是在"室内分布系统影响基站底噪"排查的过程中所碰到的问题汇总，以供参考（见表3—7）。

表3—7　　　　　室内分布系统影响基站底噪问题汇总

序号	问题
1	第一级耦合器设计与基站功率输出不匹配
2	设备板件故障（滤波器、MCR、功放故障）
3	有源设备故障引起（干放、直放站）
4	器件接头存在故障（接头内进金属碎屑或进水生锈，接头工艺问题等）
5	器件故障（耦合器、功分器等）
6	基站出来第一级耦合器时二公分故障率较高
7	光纤损耗过大后有源设备参数调试不当导致（为满足用户通话上网接入，所以调试直放站上行增益较高，故导致基站底噪升高）
8	电信联通分布共用站内干放输入普遍较高，有些导致功放已经损毁
9	光纤直放站远端后下挂干放再次放大信号（基站下挂有源设备较多影响底噪）
10	器件功率容限不匹配，被基站输出击穿导致底噪升高
11	主设备及规定至第一级器件之间的跳线存在问题，主干线故障及话务超高站

通过各式高底噪站点的排查案例，总结归纳出部分导致底噪抬高的可能性和应对处理思路。有经验的工程师可以根据网络特点和以往经验，迅速、准确地定位原因和

解决问题，并指导相关人员处理此类问题。

3.3 室内分布系统故障的排查

3.3.1 故障分类

根据室内分布系统发生故障的定位，大致可以分为以下几类：

第一类，分布系统无源设备问题。

第二类，有源设备问题。

第三类，信号源问题。

第四类，分布系统天线布放不合理、功率分配不合理。

其中，无源设备出问题的可能性比较小（一般验收完成正常工作一段时间后，如果不出现室内装修、其他工程施工之类的情况，不太容易出问题），但也不是不可能出现，所以一般当其他部分都没问题的情况下再考虑。

有源设备是比较容易出故障的部分，旧的有源设备（干放、光干放）随着时间的推移，经常会出现增益不足、上下行隔离度变差，甚至出现自激等故障。另外有源设备一般都有输入的要求范围，如果实际情况超出了这个范围，就算当时还可以使用，时间长了必然会出问题。

信号源如果是微基站，和宏基站一样，有较为可靠的监控系统和维护工具，其维修方法在其他章节（基站的维护）中详细介绍；信号源如果是直放站，则和前面的光干放一样，属于易出故障部分。

还有一些问题，并不是以上三种，而是由于分布系统设计时的不合理或无线环境的变化引起的天线布放不合理、功率分配不合理等问题。其中比较简单的可以按照现场的情况考虑添加或减少天线，而比较复杂的是在一些高层窗边出现的，被称为高层窗边效应。当然这些对原设计做出合理更改的过程既可以当做故障处理，也可以当做网络优化。

3.3.2 故障排查

故障排查的一般步骤是：

1. 到网管上查信号源情况。
2. 根据竣工图分析可能情况。
3. 到现场通过手机工程模式和 QXDM 等软件查看情况。

4. 用驻波比、频谱仪等工具对分布系统进行分析。

需要声明，故障的判别步骤没有绝对的先后次序，这跟出现问题的现象，以及手中最准最快能得到的信息有关。比如，如果你坐在办公室里得到一份报告，告知某幢楼的某层用 CDMA 无法打电话，最准最快能得到的信息就是到网管上查一下基站的情况：是否有告警、最近是否有话务量、是否底噪过高，当然还可以顺便查一下该场点的 PN 是多少等。而如果是在一次很彻底的现场测试中发现了故障，则最准最快能得到的信息就是每个楼层天线下的信号强度到底是多少。

3.3.3 案例分析

1. 分布系统无源设备问题

【案例摘要】

某大厦内用户投诉 1X/EVDO 无法使用，基本收不到信号。经过现场测试查看，CDMA 1X 和 EVDO 室内信号都很差，投诉点附近 Rx 均小于 −100 dBm。根据竣工图发现，投诉点处于一个干放所覆盖的区域，而后通过进一步的测试确定了在这个干放下的各楼层信号都很差，而其他的区域均正常。经过对基站输出功率的测试和线路的排查，发现从基站到干放之间的耦合器故障，导致信号传递衰减大，使干放的输入功率不够，更换耦合器后问题解决。

（1）问题描述：某大厦内用户投诉 25 楼 1X/EVDO 无法使用。现场用测试手机工程模式拨打测试和 EVDO 测试，发现基本没有室内信号，Rx < −100 dBm。网管上查到该基站 1X、EVDO 均正常，输出功率均为 20 W。根据竣工图可以看到 25 楼的信号来自一个干放，而进一步对其他几个楼层测试发现，该干放下的其他楼层都没有信号。

用频谱仪测试干放的输入功率发现，283 频点（1X）输入功率为 −19 dBm，37 频点（EVDO）为 −14 dBm。对于该干放来说，输入功率应该在 −5 ~ +5 dBm 之间，而根据竣工图分析，这里的输入应该是在此范围之内的。接着测试基站的输出功率，283 频点（1X）为 −35 dBm，37 频点（EVDO）为 −41 dBm，功率正常。

（2）原因分析：在基站和干放之间有一个耦合器，经过更换，测试发现更换后一切正常，说明这个耦合器有问题，由于某些原因已经损坏。

（3）解决方案：更换有问题的耦合器后问题解决。

（4）经验总结：对于干放、光放等信号双向放大设备来说，正常工作所需要的输入功率是有范围的，一般为 –5 ~ +5 dBm 之间（各厂商、各型号会有区别），输入功率过高或者过低都会影响其正常工作。不能因为有源设备的输出有问题就断定是有源设备的故障，要关注有源设备正常工作所需要的条件。

2．有源设备问题

【案例摘要】

某大厦内用户投诉 1X/EVDO 无法使用，基本收不到信号。经过现场测试查看，CDMA1X 和 EVDO 室内信号都很差，投诉点附近 Rx 均小于 –90 dBm。根据竣工图发现，投诉点处于一个干放所覆盖的区域，而后通过进一步的测试确定了在这个干放下的各楼层信号都很差，并且基站底噪很好。更换了干放后问题解决。

（1）问题描述：某大厦内用户投诉信号差，打电话有杂音。现场用手机工程模式拨打测试，发现基本没有室内信号，Rx < –90 dBm。网管上查到该基站底噪比较高，为 –58 dBm。根据竣工图可以看到该楼的信号来自一个干放，而进一步对其他几个楼层测试，发现该干放下的其他楼层信号都不太好。

用频谱仪测试干放的输入功率发现，283 频点（1X）输入功率为 –3 dBm，37 频点（EVDO）为 2 dBm，属正常范围。测试干放的输出功率发现，输出功率 283 频点（1X）为 11 dBm，37 频点（EVDO）为 16 dBm，增益明显不符合竣工图上的要求。并且，在断开干放的情况下，基站的底噪降低到 –80 dBm。

（2）原因分析：干放已经使用多年，增益降低，并可能出现自激。

（3）解决方案：更换干放后问题解决。

（4）经验总结：有源设备是相对比较容易出问题的部分，特别是工作时间较长很可能就会出现各种各样的问题。

3．信号源问题

【案例摘要】

某大厦内用户投诉 EVDO 无法使用，基本收不到信号，而 CDMA 1X 正常，可以正常打电话。经过现场测试查看，CDMA 1X 信号良好，没有发现 EVDO 室内信号。在网管上看，1X、EVDO 均正常，输出功率均为 20 W。经过协调，朗讯工程师现场发现，微站的 EVDO（37 号频点）无输出，多次更换射频板，并多次重写数据后恢复。

（1）问题描述：某大厦内用户投诉 EVDO 无法使用。现场用 QXDM 测试，发现没有 EVDO 的室内信号，但是有 1X 的室内信号。网管上查到该基站 1X、EVDO 均正常，输出功率均为 20 W。根据该场点的网络结构，可以发现投诉点就在基站覆盖的区域里，所以直接到了机房。断开分布系统，对基站进行各频点的功率测试，发现 37 号频点（EVDO）无输出。

（2）原因分析：基站的输出不正常，没有EVDO的输出。

（3）解决方案：经过协调，朗讯工程师现场发现，微站的EVDO（37号频点）无输出，多次更换射频板，并多次重写数据后恢复。

（4）经验总结：即使在网管上完全正常的情况下，也不能保证设备正常，需要用功率计、扫频仪等进行确认测试。

4. 分布系统天线布防不合理、功率分配不合理

【案例摘要】

某大楼内用户投诉无法使用EVDO。经过现场测试和网管上的参数查看，发现基站的底噪很高。根据分布系统竣工资料，该分布系统共有3个干放，分别对其进行输入功率的测试发现干放输入饱和。在3个干放的前端各加了一个10 dB的衰减器，把干放的输入功率调整到一个合理的状况，解决了此问题。

（1）问题描述：有用户投诉某大楼4层店铺内部无法EVDO上网。现场用测试手机工程模式下拨打发现语音通话正常，占用的是该楼中微站的PN。用EVDO测试卡发现确实无法拨号，但是用QXDM软件查看可以发现，该处的前向EVDO信号（Rx）达到 −60 dBm。走出店铺转个小弯可以看到顶上的天线，天线下前向EVDO信号（Rx）达到 −42 dBm，测试可以拨号上网，拨上以后拿回店铺内可以正常使用，下载速率约1.4 Mb/s。

（2）原因分析：该场点信号源为微基站，由于场点比较大，共有3个干放，均为5 W，由于型号比较老（厂商已倒闭），已经无法进行调整。投诉点处于其中一个干放下。这个干放的283频点输入功率为 −2 dBm，37频点为4 dBm；283频点输出功率为32 dBm，37频点为34 dBm。根据经验，一般干放要求的输入功率在 −5 ~ 5 dBm之间，也就是说现在的输出功率已经接近干放可接受的最高值。测试另外两个干放的输入功率，也是相同的情况。

由于增加了EVDO，而没有对原来的分布系统有源设备做相应的调整，干放已经处于饱和的状态，更重要的是反向已经明显出现了过放大的问题。根据现场测试分析，无法建立连接的问题很明显出在反向，查询网管上的底噪，发现该扇区的EVDO底噪高达 −60 dBm。

（3）解决方案：在每个干放的前端加了衰减器（10 dB，10 W）后，底噪降为 −79 dBm，投诉点EVDO的Rx比原来略低（−65 dBm左右），但拨号上网正常，上网速度约1 000 kb/s。

（4）经验总结：室内分布系统中增加了 EVDO，而没有对原来的分布系统有源设备做相应的调整，干放已经处于饱和的状态，会导致前向不稳定，反向抬升基站底噪。对此类问题可以采用的解决方法主要是降低基站功率和在干放的前端加衰减器，由于降低基站功率的方法会影响到基站直接覆盖的范围，所以干放的前端加衰减器的方法更加具有普遍性。

第 4 章

施工规范和安全指导

学习目标

- ☑ 了解无线通信系统室内覆盖工程施工验收的目的和适用范围。
- ☑ 熟悉上海电信 CDMA 基站施工流程和安全注意事项。
- ☑ 掌握无线通信系统室内覆盖工程施工规范。
- ☑ 掌握电信 CDMA 基站机房装修、配套设备安装和主设备安装的方法。

4.1 无线通信系统室内覆盖工程施工及验收规范

4.1.1 目的

为保证无线通信系统室内覆盖工程的施工质量,特制定此施工要求规范。

4.1.2 适用范围

无线通信系统室内覆盖工程。

4.1.3 施工规范

1. 基站、干线放大器的安装

(1) 基站、干线放大器的安装位置应符合设计文件(方案)的要求。

(2) 基站、干线放大器的安装位置应便于调测、维护和散热。

(3) 基站、干线放大器的安装位置应确保无强电、强磁和强腐蚀性设备的干扰。

(4) 基站、干线放大器安装时应用相应的安装配件进行牢固固定。

(5) 基站、干线放大器的安装应正确、平稳、牢固、无损伤、无掉漆现象。

(6) 基站、干线放大器的电源在工作状态时应放置于不易触摸到的安全位置。

(7) 基站设备的安装场所应干燥、灰尘小且通风良好。

(8) 基站、干线放大器等有源设备的金属外壳应进行有效保护接地。

(9) 基站、干线放大器的电源及馈线接线方式应准确无误,接线端及接头应紧密牢固。

2. AP 的安装

（1）AP 一般安装在弱电井道内，可直接安装于弱电井道墙壁上，也可安装在定做的机箱之中，两种安装方式均须做好 AP 设备的固定。

（2）AP 安装在墙壁上时要垂直美观，分布系统的馈线与 AP 的主天线接口连接，AP 的辅天线接口应接上原配的集成天线。

3. 室内天线的安装

（1）天线安装位置与天线俯、仰角应符合设计文件（方案）的要求。

（2）安装天线时应戴干净手套操作，以保证天线的清洁。

（3）天线的安装必须牢固、美观，并且不破坏室内整体环境。

（4）室内壁挂式天线的安装必须用天线固定配件牢固地固定在设计的安装位置上，同时要保证天线的安装垂直美观，并且不破坏室内的整体环境，在天线下方 1 m 处应无任何设施阻挡。

（5）室内吸顶天线必须安装在设计要求的安装位置上。天线可以固定安装在天花板下或天花板吊顶下，以保证天线的水平美观，并且不破坏室内整体环境。如果天花板吊顶为石膏板，可以将天线安装在天花板吊顶内，但必须将天线牢固地固定在天线支架上，不能随意将天线摆放在天花板吊顶内或随意将天线绑扎在吊顶内的铁件（架）和管道上。天线的安装位置附近须留有维护口。天线的安装位置应尽量避开吊顶内的强电管道、监控管线和风机盘管、消防喷淋头等。

（6）严禁将天线安装在金属天花板吊顶内。

（7）安装在金属天花板上的天线，天线与天花板的接触面间应加绝缘垫片。

（8）电梯井道内的定向天线、八木天线应参照产品说明书进行安装。天线要用支架固定，方向应垂直向下。

（9）与其他室内覆盖系统天线的安装间距应不小于 2 m。在现场满足不了要求的情况下，应尽量与其他室内覆盖系统的天线保持一定的距离。

（10）室内天线在布放时应尽量避免周围强磁设备以及金属结构和墙体结构对信号的影响，应选择合适的位置安装。

4. 耦合器、功分器、合路器、连接器的安装

（1）耦合器、功分器、合路器等器件必须按设计型号和位置进行安装，接头必须拧紧，两端必须固定好，不允许悬空放置，不允许放置室外（如特殊情况需室外放置，必须做好防水处理），两端电缆的弯度不小于 90°，并做好标识。

(2) 耦合器、功分器、合路器等器件严禁接触液体,并防止端口进入灰尘。

(3) 耦合器、功分器、合路器等器件安装时,空置的端口必须接与之相匹配的负载。

(4) 在垂直桥架内安装时,必须保证器件的固定,不准悬空,连接馈线距端口 300 mm 处需进行固定。

(5) 在水平层安装时,必须用固定材料定位固定。

(6) 连接器的安装应严格遵守射频连接器安装加工的操作规范和工艺。

(7) 应保证连接器的良好连接,插入损耗应保证小于 0.1 dBm。

(8) 射频连接器安装完毕后,应用万用表进行测试。

5. 馈线布放及相关设施的安装

(1) 馈线的布放

1) 馈线必须按照设计文件(方案)的要求布放。走线必须合理、平直、牢固、美观,不得有交叉、飞线、悬空、扭曲、裂损等情况。

2) 当跳线或馈线需要弯曲布放时,要求弯曲角保持圆滑,其弯曲曲率半径规定如表 4—1 所示:

表 4—1　　　　　　　　　　馈线线径曲率要求

线径	单次弯曲半径	多次弯曲半径
1/2″	>70 mm	>210 mm
7/8″	>120 mm	>360 mm
1/2″软馈线	>30 mm	>40 mm

3) 馈线所经过的线井应为弱电管井,不得使用强电、风管或水管管井。

4) 馈线应尽量避免与强电、高压管道以及消防管道一起布放走线,确保无强电、强磁的干扰。

5) 馈线应尽量在线井和天花板吊顶内布放,并用扎带进行牢固固定。对于不在机房、线井或天花板内布放的馈线,应布放在走线架上或套用 PVC 管加以绑扎或固定。

6) 在馈线穿过墙体时,应套 PVC 管或钢管加以保护。

7) 馈线的连接头都必须牢固安装,接触良好,并应做好防水密封处理。

8) 与设备相连的跳线或馈线应用线码或馈线夹进行牢固固定。

9) 馈线在天花板或井道里通过时,对馈线所做的接头应密封好,以免有污物进入接头。

10）馈线绑扎固定的间隔要求见表4—2：

表4—2 馈线绑扎固定间隔要求

	<1/2″线径馈线	>1/2″线径馈线
馈线水平走线时	≤1.0 m	≤1.5 m
馈线垂直走线时	≤0.8 m	≤1.0 m

11）馈线盘要顺势放，不能强行拉直，以免扭曲损伤内导体。

12）为了压缩设备安装面积，在狭窄场地建议采用软跳线对设备、馈线进行连接。

（2）走线管的安装

1）对于不在机房、线井或天花板吊顶内布放的馈线，应套用PVC走线管。所有走线管的安装应平直（垂直）、整齐、美观，其转弯处要使用转弯接头连接。

2）走线管应尽量靠墙安装，并用线码或馈线夹进行牢固固定。

3）若走线管无法靠墙布放（如地下停车场等特殊场合），馈线走线管可与其他线管一起走线，并用尼龙扎带与其他线管固定。

4）走线管穿墙孔应用防水、阻燃的材料进行密封。

（3）五类线的布放

1）五类线必须按照设计文件（方案）的要求合理布放。布放时应走线合理，绑扎牢固。走线时不得有交叉、扭曲、裂损等现象。

2）五类线的绑扎，在弱电井桥道桥架内和吊平顶内隐蔽走线位置绑扎的间距应不大于1 m；在弱电井道开放处和明线布放时，绑扎的间距应不大于30 cm。五类线必须用尼龙绑扎带牢固绑扎。

3）五类线应避免与强电、高压、消防管道等一起布放，确保其不受强电、强磁等源体的干扰。

4）对于不能在弱电井道桥架、走线井、吊平顶、天花板内布放的五类线，应考虑布放在走线架上或套用PVC管。走线架或PVC管应尽可能靠墙安装并牢固固定。在走线架上布放时应避免线缆交叉及空中飞线的现象。

5）五类线布放完成后，应用专用仪表对其进行数据测试并记录在案。

（4）泄漏电缆的布放

1）泄漏电缆的布放除了应满足射频同轴电缆的布放要求之外，安装位置、方式等还必须符合设计要求。

2）泄漏电缆布放时，要远离强电磁场（如各种动力变压器、鼓风机设备、380 V

供电线缆、视频线缆等)。

3) 泄漏电缆的各电缆连接处，应做好防水处理。

4) 泄漏电缆的布放最小弯曲半径、最大张力和固定夹最小间隔等应满足相应的技术指标。

5) 泄漏电缆布放时，不应从锋利的边或角上划过。如果不得不将泄漏电缆长距离地从地面或小的障碍物上拉过，应使用落地滚筒。

6. 电缆的端头处理

(1) 电缆冗余长度应统一，各层的开剥尺寸应与电缆插头相应部分相适合。

(2) 使用刀具割剥护套层、绝缘层应用力适当，不能伤及编织屏蔽网和缆芯。

(3) 芯线焊接应端正、牢固、焊锡适量、焊点光滑、不带尖刺、不成瘤形。

(4) 组装同轴电缆插头时，配件应齐全，位置正确，应将屏蔽网压紧（屏蔽网不应剪得过短，否则容易受力立起与缆芯相接，造成短路），各连接部位须拧紧，绝对不允许电缆头有松动、摇晃及短路等现象。

(5) 电缆施工时应注意端头的保护，不能进水、受潮；暴露在室外的端头必须用防水胶带进行防水处理；已受潮、进水的端头应锯掉。

(6) 连接头在使用之前，严禁拆封；安装后必须做好绝缘防水密封。

(7) 每段电缆完成后，应对其驻波比进行测试并做好测试数据记录。

7. 供电方案

(1) 独立敷设供电系统。弱电井中需业主提供一个相对独立的 220 V 交流电源，电源波动范围应小于 20%，容量应满足室内无线综合分布系统有源器件的容量需求。

独立敷设的供电系统需安装总交流配电箱、分交流配电箱。总交流配电箱安装于业主提供的电源接口附近的弱电井（或相应位置），分交流配电箱安装于各个楼层弱电井中。总交流配电箱和分交流配电箱的开关容量和分路数量以及接地排的容量应按设计要求配置。接线应该区分颜色：火线红色，零线蓝色，保护接地线为黄绿色。

业主提供的电源（若有低压断路器，从开关上桩头引出），引入总交流配电箱，经单相电度表接入低压断路器。低压断路器之间电源线的规格、型号、截面积应按设计要求配置并连接，接地排必须做好接地。

总交流配电箱与分交流配电箱之间的电源线规格、型号、截面积应按设计要求配置。

不同通信系统必须从总交流配电箱不同的低压断路器中引出电源，同时在低压断路器上做好标注。

同一层楼层的分交流配电箱的低压断路器可以分配给不同的通信系统，但必须在低压断路器上做好标注。每个楼层必须预留 1~2 只低压断路器备用。

各有源器件至低压断路器间布放的电源线规格、型号、截面积应按设计要求配置。

（2）直接利用弱电井道强电插座。从相应楼层弱电井道强电插座引出至交流电源万能插座，为相应的设备供电（电源线规格、型号、截面积应按设计要求配置）。

此方案供电计量应按照设备功耗计算。

（3）电源线连接

1）连接前关闭基站电源开关。

2）电源线应可靠牢固，电线接触良好。

3）芯线间和芯线与地间的绝缘电阻不小于 1 MΩ。

4）电源线布放在同一平面上可采用并联复接的方式走线。

5）所有的电源线都必须根据设计要求穿铁管或 PVC 管后布放，铁管和 PVC 管的质量和规格应符合设计的规定。

6）每一个电源插座的两芯和三芯插孔内部必须事先连接完后才可实际安装。

7）电源插座的安装必须牢固固定，如需使用电源插板，电源插板需放置于不易触摸到的安全位置。

8）电源线与对绞电缆、馈线平行敷设时，应满足表 4—3 的间隔要求。

表 4—3　　　　　　　　　　线缆敷设间隔要求

条件	最小净距（mm）
对绞电缆与电力电缆平行敷设	130
有一方在接地的金属槽道或钢管中	70
双方均在接地的金属槽道或钢管中	注

注：双方都在接地的金属槽道或钢管中，且平行长度小于 10 m 时，最小间距可为 10 mm。表中对绞电缆采用屏蔽电缆时，最小净距离可以适当减小，并符合设计要求。

电力线与同轴电缆的隔离度要求参照表 4-3 执行。

8. 接地

基站和干放设备必须进行保护接地，接地电阻应不大于 5 Ω。接地线连接至大楼总接地排，走线槽已经与总接地排相连的，可以连接至走线槽。

9. 标签

无线通信系统室内覆盖工程中的每一个基站、干线放大器、AP、天线、功分器、合路器、耦合器、路由器、交换机、HUB 以及每一条五类线、电源线、馈线双绞线和电源开关箱都要贴上明显的标签，方便以后的管理和维护，标签粘贴在设备、器材正面可视的地方。馈线的标签应粘贴于首尾两端，以方便阅读。标签的粘贴应端正、美观。标签及标识方法应按照建设单位要求统一制作和书写。

10．施工自检

通过驻波比测试仪接入有源设备（基站、干放）最近点天馈部分的无源节点，测试其无源系统总驻波比；通过驻波比测试仪分别接入每层天馈部分总节点，测试其平层无源系统的总驻波比。

要求：无源系统整体驻波比＜1.5，水平层面无源系统驻波比＜1.5。

4.1.4 验收规范

1．工程初验（详见 YDT 5160－2007）
2．工程终验（详见 YDT 5160－2007）

4.2 电信 CDMA 基站施工安装指导

本节以上海电信 CDMA 基站施工安装要求为范例进行介绍。

4.2.1 施工流程

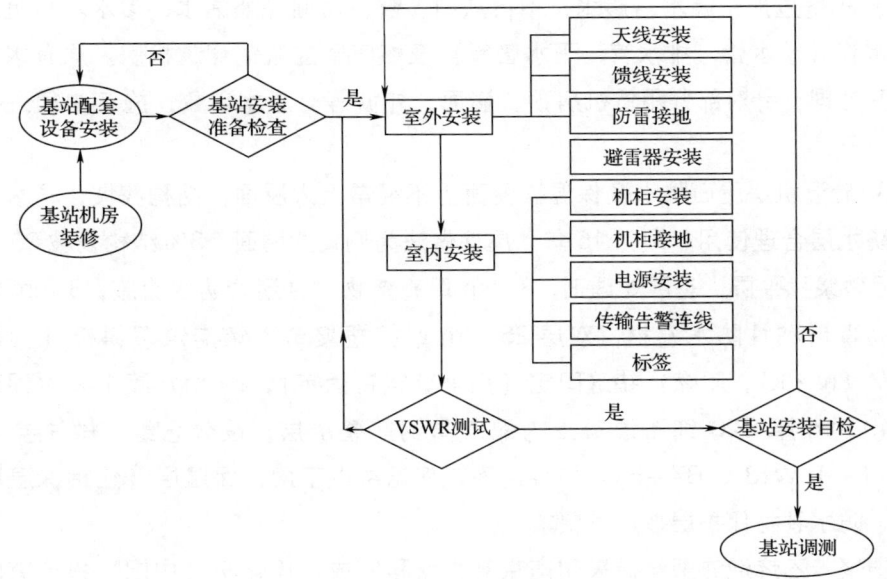

图 4—1 施工流程图

4.2.2 基站机房装修

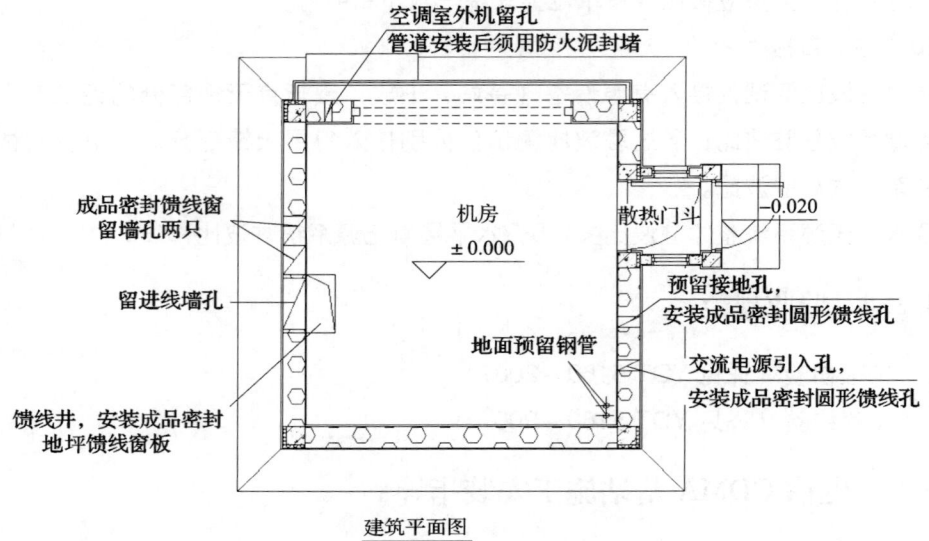

图4—2 机房平面图示意

1. 机房防水

(1) 机房应严禁漏水、渗水,不得从门、窗、顶棚等处漏水、渗水。与机房无关的各种水管(给水管、排水管、雨水管等)及燃气管应避免穿越机房。原有水管应做包封堵塞处理;针对部分租赁机房顶、墙面、外窗等有渗水现象,施工中须进行防水处理。

(2) 砖混机房屋面防水及保温:屋面为不经常上人屋面,结构找坡,防水等级为Ⅱ级,防水层合理使用年限为15年。屋面做法为倒置式屋面:3%结构找坡20 mm厚1:3水泥砂浆找平层,基层处理剂,3 mm厚高聚物改性沥青防水涂膜,3 mm厚高聚物改性沥青自粘性防水卷材,双层25 mm厚挤塑聚苯乙烯泡沫塑料板(导热系数0.03 W/(m·k),阻燃)错缝固定(用配套锚钉固定),20 mm厚1:2水泥砂浆保护层,40 mm厚C20细石混凝土内配双向钢筋整浇层,设分仓缝,做法参见国标99J201(一)W13 C B7 -50。门斗屋面,保温层以下同,保温层(包括保温层)以上取消,防水卷材保护层按厂家要求。

挤塑聚苯乙烯泡沫塑料板采用南京鸥文斯科宁或陶氏化学(中国)投资有限公司的产品。

不得使用回收材料制作的 XPS。

请提前预订聚苯板，保证聚苯板存放时间。

防水材料可采用上海北蔡防水材料有限公司的产品。

（3）落地彩钢板基站机房屋面防水及保温：75 mm 厚彩钢夹芯板，现场喷涂 40 mm 厚硬质聚氨酯泡沫塑料保温隔热层，铺设彩钢琉璃瓦（用尼龙钉固定）及屋脊。

屋面彩钢板机房考虑荷载的要求，现场喷涂 40 mm 厚聚氨酯泡沫塑料保温隔热层，上设 1~2 厚弹性紫外线光反射涂料保护层。

屋面彩钢材料发泡时不得出现流挂、塌涂，成型后材质不得过硬、过脆及不均匀。聚氨酯泡沫塑料喷涂应均匀，喷涂可分多遍完成。平均厚度不应出现负偏差。

聚氨酯采用拜耳材料科技贸易（上海）有限公司的产品。

彩钢夹芯板采用上海晓宝轻质建材有限公司的产品。

2．机房防火

（1）机房耐火等级随所在建筑物耐火等级，选用的建筑材料取相应等级的材料，保证其防火等级的要求；新建独立机房耐火等级不应低于二级，选用相应建筑材料。机房应设置集中环境监控系统，对重要机房应设置自动消防系统。

（2）保温墙体的蒸压轻质砂加气混凝土砌块是一种无机不燃材料，彩钢夹芯板面层是不燃材料，芯材是难燃材料。

3．墙、地面处理要求

（1）装修应满足通信设计要求，选用耐久、不起灰、非燃烧的材料，不得使用木地板、木隔墙、吊顶及塑料壁纸等材料，严禁装饰木墙裙。

（2）上海地处夏热冬冷区，按《公共建筑节能设计标准》（GB 50189—2005）的要求，需做节能设计：塔下机房的墙体 +0.200 以下采用 MU15 烧结普通砖 M10 水泥砂浆砌筑；+0.200 以上采用蒸压轻质砂加气混凝土砌块，强度级别 B05，厚度 300，专用砂浆砌筑（砌筑技术要求、混凝土柱与外墙连接、外墙勒脚构造、门洞及安装等做法见 06CJ05《蒸压轻质砂加气混凝土（AAC）砌块和板材建筑构造》，特别注意不同材料交界处构造和防裂处理）。散热门斗 +0.200 以下同机房，+0.200 以上为实心混凝土。

（3）砖混机房外装修：喷湿墙面，3 mm 厚专用界面剂甩毛，9 mm 厚 1:3 专用水泥砂浆打底扫毛或划出纹道，6 mm 厚 1:2.5 水泥砂浆找平，白色乳胶漆二度。外墙踢脚采用 12 mm 厚 1:3 水泥砂浆打底，扫毛或划出纹道，刷素水泥浆一道，10 mm 厚 1:2.5 水泥砂浆抹面压实赶光，高度至标高 0.200 处。

(4) 砖混机房内装修：喷湿墙面，3 mm 厚专用界面剂一道甩毛，8 mm 厚 1∶1∶6 水泥石灰膏砂浆打底扫毛或划出纹道，5 mm 厚 1∶0.5∶2.5 水泥石灰膏砂浆抹平，2 mm 厚面层耐水腻子分遍刮平，刷白色内墙乳胶漆二度。内墙踢脚采用 5 mm 厚 1∶3 水泥砂浆打底划出纹道，8 mm 厚 1∶2 水泥砂浆粘结层（内掺建筑胶），5~10 mm 厚地砖踢脚，稀水泥浆（或彩色水泥浆）擦缝，高 200 mm。

(5) 门斗及围墙为白色外墙涂料，门斗室内为内墙涂料：12 mm 厚 1∶3 水泥砂浆打底扫毛或划出纹道，6 mm 厚 1∶2.5 水泥砂浆找平，白色内外墙建筑涂料二度。

(6) 板底乳胶漆顶棚：素水泥浆一道甩毛（内掺建筑胶），5 mm 厚 1∶0.5∶3 水泥石灰膏砂浆打底扫毛或划出纹道，3 mm 厚 1∶0.5∶2.5 水泥石灰膏砂浆找平，刷内墙乳胶漆二度。

凡洞口及墙身阳角均需作水泥砂浆粉护角线。蒸压轻质砂加气混凝土砌块及专用界面剂均采用上海伊通有限公司的产品。内外墙乳胶漆采用多乐士牌内外墙乳胶漆。彩钢板机房的墙体材料须用断热型材。墙体转角、檐口等按图施工。

(7) 节点。

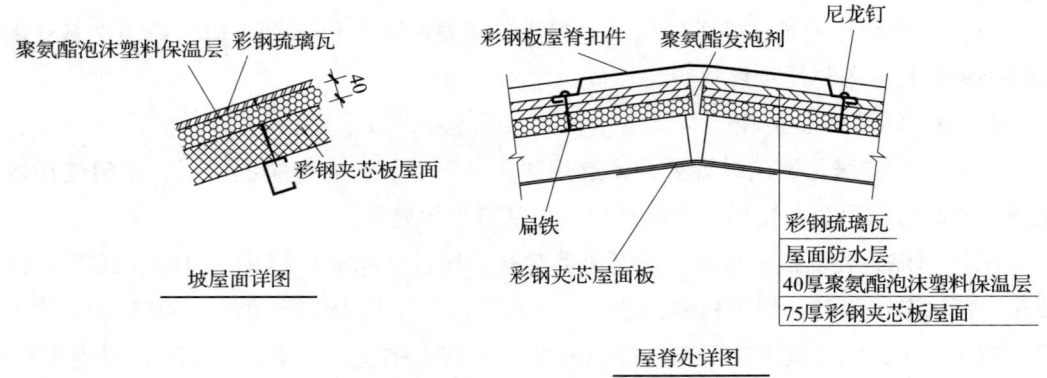

图 4—3 基站机房结构图 1

(8) 机房地面需采用自溜坪或防静电地砖或防静电地板，需对机房内设备起到防静电作用；机房地面防静电地板沿墙边处必须做封口处理，做踢脚线或压条；防静电地坪必须在不同的两点进行接地，接地线不小于 6 mm^2，接地铜箔线与接地线焊接，并应在焊接处加装接线盒，接线盒距地板最高 10 cm，且接地盒应固定牢固，接地线不得裸露在外。

接地金属带布置如图 4—5 所示：

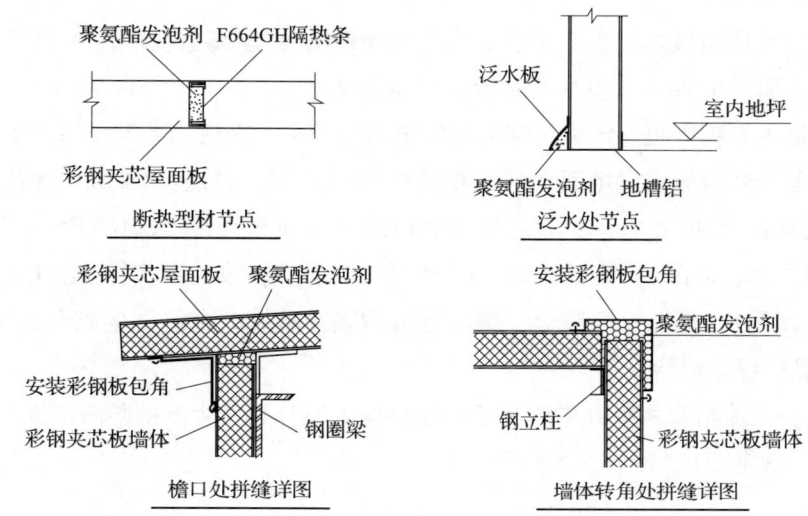

图4—4 基站机房结构图2

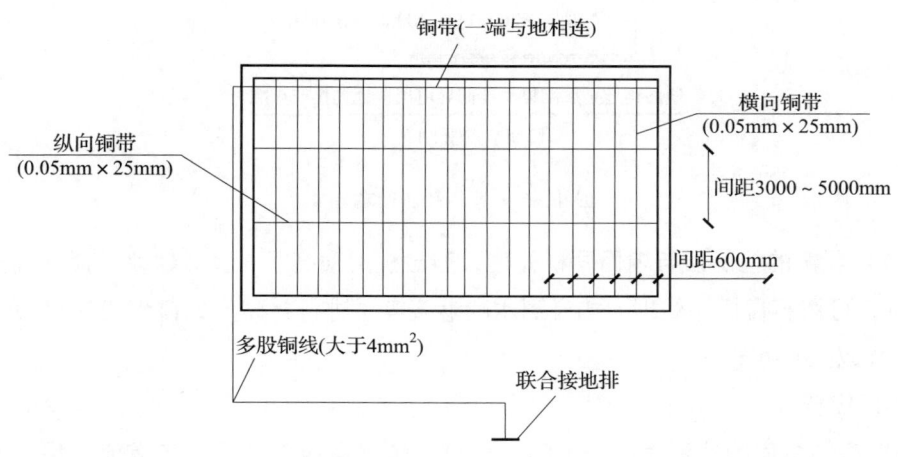

图4—5 基站机房结构图3

（9）砖混机房地面为环氧抗静电涂料面层，做法：素土夯实（粘土铺土厚度每层不大于200 mm，每层压实3~4遍，压实系数不小于0.96），100 mm厚C15混凝土垫层，20 mm厚1:3水泥砂浆，聚氨酯防水层1.5 mm厚（两道），0.2 mm厚塑料薄膜浮铺，40 mm厚聚苯乙烯泡沫保温层（抗压强度>550 kPa），0.2 mm厚塑料薄膜浮铺，20 mm厚1:2.5水泥砂浆，压实抹光，1 mm厚环氧封闭底漆（两遍），整体打磨吸尘；铺设导电铜箔并接地；刮涂导电腻子两遍；1.5~2 mm厚环氧抗静电涂料。因机房设备较重(设计荷载为800 kg/m²),故素土夯实严格按要求施工。

(10) 门斗地面做法:素土夯实,100 mm厚C15混凝土垫层,水泥浆一道(内掺建筑胶),20 mm厚1:2.5水泥砂浆,压实抹光。

(11) 落地彩钢板机房地面为环氧抗静电涂料面层,做法同砖混机房地面。

(12) 屋顶彩钢板机房地面为环氧抗静电涂料面层,做法:10 mm厚花纹钢板平台(防锈处理)上40 mm厚聚苯乙烯泡沫保温层(抗压强度>550 kPa),60 mm厚C20细石混凝土,内配 $\phi6$ 钢筋,20 mm厚1:2.5水泥砂浆,压实抹光,1 mm厚环氧封闭底漆(二遍),整体打磨吸尘;铺设导电铜箔并接地;刮涂导电腻子二遍;1.5~2 mm厚环氧抗静电涂料。

环氧抗静电涂料采用杜邦中国集团有限公司上海分公司生产的防静电地坪。

(13) 防静电节点如图4-6所示。

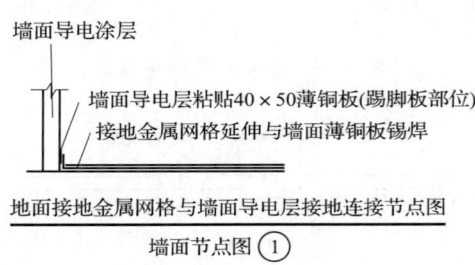

图4—6 基站机房结构图4

(14) 正常的机房顶与墙面同样处理,但当机房顶高于4 m,建议吊顶(高度控制在3 m),可用石膏板等处理。如碰到水喷淋头等可进行封闭。如碰到已有吊顶(高度在2.6 m以上)可保留。

4. 门窗要求

(1) 基站机房的外窗为保温密闭防火窗,防火等级为甲级。走道窗可用石膏板封堵或铝合金非开启窗,外窗可用铝合金非开启窗,但须保留1~2扇可开启窗。如机房的原有外窗为单层窗,应在工程中按相关防火等级要求封堵。

(2) 机房的门为保温隔热防火门,门斗处的门为防盗、防火门。防火等级均为甲级。

5. 基站孔洞

(1) 外接电源、外接地气、机房空调,均需在合理位置开设孔洞,孔洞尺寸 $\phi100$ mm,但尽量避免交流电源线和网络线经过同一个孔洞。孔内应安装相应大小的阻燃PVC套管。孔洞开设位置及数量根据图纸确定。所有孔洞安装完毕后均须用防火泥封堵。

（2）地板洞及墙洞应采取防水、防火、防潮、防虫等措施。机房位于地下室或半地下室时，应加强防潮、防水、排水等措施，地面、墙面、顶棚面面层应有良好的防渗防潮性能。

6．防雷要求

（1）移动通信铁塔的避雷针应将基站机房和塔上通信设备置于保护范围内，可使用塔身作接地导体。当塔身金属构件电气连续性不可靠时，应设置专门的铁塔避雷针雷电引下线。

（2）铁塔位于建筑物屋顶时，铁塔四脚应利用建筑物柱内的钢筋作雷电引下线，或就近与楼（房）顶避雷带进行不少于两处的焊接连通。建筑物无钢筋结构作雷电引下线时，铁塔四脚应专设雷电引下线，并与环形接地体焊接连通。

（3）安装在建筑物房顶的基站天线，应在抱杆（或增高架、铁塔）上安装避雷针，抱杆（或增高架、铁塔）应与楼顶避雷带或避雷网焊接连通，并应确认原有避雷系统接地良好。

（4）移动基站建在办公楼或大型公用建筑物上时，铁塔（或增高架、抱杆）应与楼顶避雷带、避雷网或楼顶预留的接地端多点连接。机房的接地引入线可以从机房楼柱钢筋、楼顶避雷带或邻近的预留接地端引接。

（5）基站交流市电电缆引入机房时，引入交流配电设备（交流第一级）前，应安装最大通流容量不小于 100 kA 的限压型浪涌保护器；引入开关电源（交流第二级）前应安装最大通流容量不小于 40 kA 的限压型浪涌保护器。基站应使用"3＋1"模式的交流电源 SPD，即三相分别对零线用限压型器件保护，零线对地使用放电管保护。在 SPD 的引接线前级，应串接保护断路器，防止 SPD 故障时引起系统供电中断，并与前级供电线路断路器具有保护选择性。浪涌保护器元件应符合信产部规范要求。

7．接地要求

（1）移动通信基站必须采取联合接地、站内等电位连接、馈线接地分流、雷电过电压保护和直击雷防护的综合防雷措施。

（2）移动基站地网由机房地网、铁塔地网以及变压器地网组成，地网接地电阻值应不大于 5 Ω。

（3）利用商品房作机房的基站，应尽量找出建筑防雷接地网或其他专用地网。找不到原有地网时，应因地制宜就近设一组地网，并应与原有建筑地下钢筋多点连通。

（4）通信局（站）内有多幢建筑时，应使用水平接地体将机房地网与其他建筑物地网相互连通。通信局（站）内设有铁塔时，铁塔地网应使用水平接地体与机房地网多点连通。

（5）基站内一般设置一块联合接地汇流铜排，并应使用绝缘子安装在电源走线架上方约 20 cm 处，若机房层高不够时，也可使用绝缘子将接地排固定在电源走线架上。接地排可采用铜质或热镀锌钢质，尺寸一般为 500 mm×100 mm×10mm（排内上下各开 10～11 个 $\Phi 8$～$\Phi 10$ 孔）。接地阻值应小于 10 Ω，接地线可采用截面积不小于 95 mm^2 的电缆或 160 mm^2 热镀锌扁钢。

（6）基站外馈线窗附近设置一块室外接地排，使用绝缘子安装在馈线窗下方约 20 cm 处，采用热镀锌钢制，尺寸一般为 500 mm×100 mm×10 mm（排内上开 10～11 个 $\Phi 8$～$\Phi 10$ 孔，下开 13～15 个 $\Phi 4$～$\Phi 6$ 孔），接地线使用截面积不小于 160 mm^2 热镀锌扁钢。

（7）天馈线以及其他同轴电缆金属外护层应分别在天线处、离塔处及机房入口处外侧就近接地；当电缆长度大于 60 m 时，应在铁塔中部增加接地点。接地连接线应采用截面积不小于 10 mm^2 的多股铜线。室外走线架始末两端均应接地。

（8）防雷接地产品均使用澳大利亚国际雷电保护公司的产品。

（9）一般设备（机架）的接地线，应使用截面积不小于 16 mm^2 的多股铜线。

（10）数据服务器、环境监控系统、数据采集器等小型设备的接地线，应采用截面积不小于 4 mm^2 的多股铜线连接到本机架的汇流排，然后用 16 mm^2 的多股铜线连接到机房汇流排。

（11）光缆的金属加强芯和金属护层应在分线盒或 +、- 架内可靠连通，并与机架绝缘后使用截面积不小于 16 mm^2 的多股铜线，引到本机房内第一级接地汇流排上。

（12）严禁在接地线中加装开关或熔断器。

（13）接地线布放时应尽量短直，多余的线缆应截断，严禁盘绕。

（14）多股接地线与汇流排连接时，必须加装接线端子（铜鼻），接线端子尺寸应与线径相吻合，压（焊）接牢固。接线端子与汇流排的接触部分应平整、紧固，无锈蚀、氧化，不同材料连接时应涂凡士林或黄油防锈。

（15）一般接地线宜采用外护套为黄绿相间的电缆，大截面积电缆应保证接地线与汇流排的连接处有清晰的标识牌。

8. 照明要求

（1）基站机房照明应分为正常照明和事故照明。机房正常照明应采用荧光灯照明，水平照度在离地 1 400 mm 处应不小于 300 lx。一般采用 PHILIPS 荧光灯，每基站机房一般为4处双管照明，具体数量及位置参照图纸。

（2）机房上走线架的安排需要充分考虑光照度对于设备维护的影响。

（3）基站机房应设置事故照明，最小照度应不小于30 lx。一般采用二盏DC24 V事故照明灯串接。

（4）机房电源插座配置2~4只，距地0.30 m合理安装。照明电源线的走线，均采用PVC走线槽沿墙或顶棚布放。

9．温、湿度及温度变化率要求

目前机房内安装设备为各个厂家提供，对机房温、湿度要求不一，因此参照相关运营商及设备的要求，提出机房温、湿度要求见表4—4：

表4—4　　　　　　　　　　基站机房结环境温度要求

温度（℃）	湿度
18~28	20%~80%
每小时变化不大于10℃	不结露

10．基站空调要求

（1）机房根据具体情况设置空调，以保证长期工作条件下的温、湿度条件符合要求。空调必须具备断电恢复自启动功能，每个机房应至少安装2台空调，一主一备。空调外机必须牢固可靠、方便维修，空调内机根据合适位置安装，并需固定；底部配置高度为0.2 m镀锌角钢底座，应符合防震要求。电缆拟采用5×6 mm^2，提供专用低压断路器，前置开关不小于25 A。针对特殊机房（或面积较小的机房），应安装空调挂机。

（2）机房空调设备采用基站专用空调，空调容量的配置根据机房面积和规定的温、湿度要求确定。

（3）对于独立室外宏基站机房，空调外机应进行防盗处理，加装防盗铁框；对于靠近楼顶的基站机房，建议空调外机尽量放置在楼顶。

11．洁净度与噪声要求

（1）机房应防止有害气体（如SO_2、H_2S、NO_2等）侵入，并应做到严密防尘，防尘标准为：在灰尘颗粒的直径不小于0.5 μm时，其最大浓度应不大于10 000 颗/L（相当于不大于$1×10^7/m^3$）。灰尘粒子不应是导电的、铁磁性的和腐蚀性的。

（2）机房内应控制噪声的产生，如室内背景噪声超过60 dB，应采取消音措施。

12. 电源要求

(1) 交流容量 30 kW，交流电压 380 V，由房屋业主方提供或由供电局提供，均需从配电柜桩头或电表箱布放至基站交流配电箱，电缆用 RVVZ22（4×35+1×16）mm^2 铠装电缆，有条件的采用二路供电或安装油机电源切换装置，引至基站。

(2) 室外直埋电力电缆出地坪引上时，须穿钢管加帽保护，钢管出地坪高度一般为 2 m。

(3) 机房内安装交流配电箱 1 台（装修时须确定位置）。空调、插座、照明、通信用电全部应由机房内交流箱引出。

13. 馈线窗要求

馈线孔用烙克赛克国际贸易上海有限公司的可变式馈线窗，满足防火及保温节能的要求。安装位置及尺寸按图施工，不得衬木框，馈窗底距地高一般为 2.2~2.3 m，具体尺寸参照图纸。

14. 机房承重要求

应由设计单位进行复核，需加固的应出加固图（一般情况下安装蓄电池部位需加固），施工单位按图施工。

15. 走线架要求

(1) 建议基站内水平走线架和垂直走线架在土建装修时同时完成，这样有利于工程各道工序顺利进行（注：设置垂直走线架的目的是方便电源线走线，便于安装 ODB、小型传输设备及控制设备等）。

(2) 机房内的走线采取电源线与信号线分离的方式，因此需分别设置走线架。电源走线架与信号线缆走线架若在同一水平面布置，水平间隔最小距离为 10 cm；若在同一垂直面布置，则垂直间隔最小距离为 30 cm。

(3) 电源走线架为蓝色，信号线缆走线架为灰色。

(4) 走线架跨接处需用不小于 6 mm^2 铜芯线或铜编织线（新建机房用铜编织线）连接，不得漏接，并最终连接至室内联合接地排上。

4.2.3 配套设备安装

1. 传输综合架安装

机架安装时需用地脚螺栓将机架与地面进行固定，且机架必须接地，导线截面积不小于 16 mm^2，应用黄绿色线。接地线不得复接，传输综合架内接地铜条应引截面积不小于 16 mm² 的接地线至联合接地铜排，传输综合架外壳接地可从该接地铜条引截面积不小于 16 mm² 的接地线。

2．电源等设备安装

（1）配电设备的安装。安装设备的型号、规格、数量应符合工程设计要求，并应有出厂检验合格证、入网许可证。

1）设备结构应无变形，表面无损伤，指示仪表、按键和旋钮、机内部件无碰损、无卡阻、无脱落、无损坏。

2）设备安装位置应符合工程设计要求，其偏差不大于 10 mm。

3）设备机架排列整齐，架间缝隙不大于 3 mm，垂直度误差不超过机架高度的 0.1%。列架机面平直，应成一直线。

4）设备安装时，应用不少于 4 只 M10 或 M12 的膨胀螺栓与地面或牢固墙壁进行加固。

5）机架保护地线连接可靠。

（2）蓄电池的安装

1）电池架的材质、规格、尺寸、承重应满足安装蓄电池的要求。

2）电池架安装时，应用不少于 4 只 M10 或 M12 的膨胀螺栓与地面进行加固。电池架与地面加固处的膨胀螺栓要事先进行防腐处理。

3）电池架安装后，对漆面脱落处应补喷（刷）防腐漆，保持漆面完整和一致。

4）电池架保护地线连接可靠。

5）电池外壳及安全阀、滤气帽不得有损坏现象。

6）蓄电池安装时，应将滤气帽或安全阀、气塞等拧紧，防止松动。

7）电池各列应排放整齐，前后位置、间距适当。每列外侧应在一条直线上，其偏差不大于 3 mm。电池单体应保持垂直与水平，底部四角均匀着力，如不平整，应用油毡垫实。

8）电池间应垫缓冲胶垫，使之牢固可靠。连接条应平整，连接螺栓、螺母应拧紧，并在连接条和螺栓、螺母上涂一层防氧化物或加装塑料盒盖。

4.2.4 主设备安装

1．安装检查及准备

在安装工作开始之前必须完成和安装相关的准备工作，包括机房环境、天线支架、避雷、室内外走线架、馈线窗、电源、接地排、传输等，同时，为了确保安装的顺利进行，对准备工作进行检查。

2．室外安装

（1）天线安装

1）天线拆箱。天线搬运要求轻拿轻放，防止破坏天线内部振子。天线拆箱后，应将天线放置在纸板上（建议最好放在塑料泡沫上），防止天线与地面接触，划伤天线表面。天线并排放置，不应相互叠放，以防跌落，检查天线有无明显的破损或变形。

2）天线固定件安装。天线固定件安装应遵守天线厂家操作说明手册执行，固定件应紧固连接在天线上，但不应过紧，以免造成天线损伤。建议在天线固定件安装完成后的螺栓上涂上防锈漆。

3）天线跳线的安装

①天线跳线紧固在天线端的接口上，不要用力过大，以免造成天线端口受损，跳线固定长度为2 m或3 m，两端接头已经做好（具体接头类型可根据确定好的天线型号确定），可直接连接在天线接口上。

②天线接头防水处理建议采用3－1－5防水处理。内层缠绕三层胶带，然后缠绕一层胶泥，外层缠绕五层胶带将胶泥包住，每层应压在上层的一半处，最外层用窄胶带，缠绕方向应由下向上，收口处应用裁纸刀切割，防水接头两端用扎带扎紧。

4）天线的吊装（适用于铁塔）

①天线安装在铁塔上，应使用定滑轮吊装天线。定滑轮安装应注意安全，固定牢靠。

②吊天线时，绳扣一定要打牢固，并留有一根天线牵引绳。铁塔上和铁塔下的施工人员相互配合拉天线。拉天线时要速率平稳，防止天线碰撞到铁塔上，造成天线损伤。天线将吊至平台时，要放慢速度，由两位施工人员将天线抬上并轻放到平台上，注意避免天线碰撞到铁塔。

5）天线的固定

①按照设计图纸把天线固定到相应的抱杆上，天线固定应考虑满足本系统内部以及与其他系统天线的隔离度的要求。

②天线的物理下倾角应严格按照设计要求设置，允许误差±0.5°。

③遵照天线安装说明操作手册执行，将天线紧固在抱杆上，用手摇天线不晃动，目测天线不应有变形。

④天线安装完成后，必须保证天线在主瓣辐射面方向上，前方范围30 m距离内无任何明显障碍物。

6）GPS 天线安装

①防止抱杆中潮湿积聚，抱杆底部不能封口。

②天线必须垂直安装，误差在 2°以内。

③GPS 天线要与至少 4 颗卫星保持直线无遮挡连接。

④GPS 天线在仰角 10°方向的遮挡不超过 25%。

⑤GPS 天线应与任何 Tx 天线在水平及垂直方向上至少保持 3 m 的距离。

⑥当处于北半球时，GPS 天线应与铁塔冲南的一角保持至少 3°的距离，在南半球则应于铁塔冲北的一角保持至少 3°的距离。

⑦GPS 天线应处于受接地保护的锥形中。

⑧抱杆应与接地线焊接以使整个抱杆处于接地状态。

⑨确保 GPS 天线被可靠地固定好而不会在任何天气条件下移动。

⑩GPS 馈线通过天线窗进入机房，在接小跳线前需接上避雷保护器并连接至防雷地排。大馈线金属外屏蔽需多处接地，在进入馈线窗前，其外屏蔽需再次接地。

⑪为使 GPS 天线能够收到 GPS 卫星的信号，GPS 天线不能受到阻挡，使之可以接收到 4 颗 GPS 卫星的信号。如果不能做到完全无阻挡，应尽量找一个位置使 GPS 天线周围 10°以上半球体的视线区域内的阻挡小于 25%，且该 25%阻挡应分布在两个 1/4 的球体中。

⑫GPS 天线不应是本区域内的最高物体，否则会受到雷击。

（2）馈线安装

1）馈线检查。馈线安装前，应检查馈线有无破损或变形的地方，避免造成影响系统性能的后果。馈线的量裁布放，按照节约的原则，先量后裁，馈线的允许余量为 3%。馈线剪裁完后，应做好标记，建议使用红、蓝、绿和黄色胶带标记在馈线的两端，红色为天线一、蓝色为天线二、绿色为天线三，黄色为 GPS 天线（如果现场没有这些颜色的胶带，可以使用黑色的窄胶带，一道为天线一，二道为天线二，三道为天线三，黑色宽胶带为 GPS 天线）。

2）馈线接头。主馈线及 GPS 馈线接头制作应按说明书操作执行，必须用专用工具制作，馈线的内芯不得留有任何遗留物。在切割馈线皮时要避免划伤馈线外导体，完成后外导体不应裸露。

馈线的接头型号根据确定的主设备及天线型号来定，需等设备合同签订。

3）馈线吊装。馈线吊装上塔时，馈线接头应封上帽盖，防止在上拉馈线时碰伤接头。吊馈线时避免接触地面、平台表面及铁塔塔体，特别是在上平台时，注意馈线不要与平台角、角铁等尖锐物体摩擦，造成馈线外皮磨损。

4）馈线与天线尾线连接。将馈线与正确的天线尾线连接，要注意 Tx 及 Rx 接口，不要接错。

5）馈线接头防水。接头必须紧固无松动、无划伤、无露铜、无变型，馈线接头防水采用 3-1-5 防水处理方法。

6）馈线布放

①布放馈线时，应横平竖直，严禁相互交叉，必须做到顺序一致。两端标识明确，并两端对应。标识应粘贴与两端接头向内约 20 cm 处。

②馈线固定必须使用专用的馈线卡，水平和垂直方向 1 m 之内固定一个（含室内布放），如无法用馈线卡子固定时，应使用扎带将馈线固定。馈线接头附近要有固定，防止馈线晃动造成馈线接头受损，影响系统性能。平台馈线均从平台下面走线。

③馈线在布放、拐弯时，弯曲度应圆滑、无硬弯，并避免接触到尖锐物体，防止划伤进水，造成故障。最小曲率半径应不小于 15D。

7）馈线回水弯的固定

①馈线在进馈线窗外必须有防水弯，防止雨水沿馈线进入机房。防水弯的切角应不小于 60°，回水弯的弯曲半径符合标准，并能有效地防止雨水渗入机房内。

②馈线窗要求密封严实，在馈线入室的时候要避免用力拉扯馈线，造成馈线导体受损。

③馈线回水弯要求与其他网络的回水弯平齐，增强工艺美观的效果。

8）馈线防雷接地

①在铁塔预留有接地钢排或钢条时，馈线接地线均应接在钢排或钢条上。若无钢排或钢条时，馈线接地线应选择馈线适当的位置接地，不要影响馈线固定，更不能做在馈线弯曲的部位。

②按照馈线的长度选择接地位置，先把接地线固定在接地排或走线架上，然后根据接地线的长度选择馈线接地点。剥馈线皮时，应根据馈线接地卡铜片的长度剥离，不要剥得过长，剥皮时要避免划伤馈线外导体。

③馈线接地防水处理，内层用三层胶带，中间一层胶泥，外层缠五层胶带，每层胶带应压在上层的一半处，胶带两端要超出胶泥约 5 cm，最外层胶带缠绕方向由下向上，在胶带两端用扎带扎紧封口。

④制作主馈线防雷接地线必须顺着雷电泄流的方向单独直接接地，防雷接地线禁

止回弯、打死折。

⑤馈线接地点处要除去防锈层或氧化层，接地螺栓要紧固，并用防氧化漆作好防水处理。

⑥馈线接地线水平接地时，要有回水弯，最小弯曲半径不小于7.5 cm；垂直接地时，接地线保持垂直，接地线馈线端应高于接地线的接地端。

⑦馈线超过60 m需4点接地，馈线长度少于60 m需3点接地。

（3）避雷器安装（华为基站不需要安装）

1）避雷器架固定在走线架上，距离馈线窗1 m以内。

2）避雷器架应与走线架绝缘。

3）避雷器固定在避雷器架上，避雷器安装的方向不能弄反。

4）安装避雷器地线时必须布放整齐，采用70 mm^2黄绿多股铜线，用白扎带沿室内走线架向馈线窗外方向走，尾端必须接在室外主地排上，室外防雷主地排安装位置必须低于室内避雷器的位置或高度。

3．室内安装

（1）基站设备拆箱

1）打开设备包装箱，把机柜竖立起来，并放置在合适地方。

2）检查机柜外表面如侧面和门板是否有擦痕或损伤，发货的配件是否齐全，如有问题应做相应的记录并及时向负责人汇报。

（2）机柜固定

1）按照设计文件确定机柜的摆放位置，把机柜放置到相应的安装位置。

2）用记号笔画出4个安装孔的位置，移开机柜。

3）根据主设备提供的地脚螺栓的尺寸，用钻头向前4个安装孔的位置钻孔，并用吸尘器吸取灰尘。

4）将机柜放置在相应的安装位置并与安装孔对齐。

5）给每个地脚螺栓安装上专配的套管和垫圈，将地脚螺栓固定在地基上。

6）调整地脚螺栓并用铅锤检查机柜是否垂直。

7）当机柜调整好后固定好地脚螺栓。

（3）机柜保护接地线安装

1）机柜接地线为不小于16 mm^2的黄绿色多股铜线。

2）在接地线的末端去除1 cm的绝缘层，修剪整齐。

3）将剥去绝缘层的接地线插入铜鼻子内，用压线嵌压紧，并用胶带或热缩套管封紧。

4）把铜鼻子接到机柜的连接面板的接地点上。

5）接地线布放宜遵循就近原则，拐弯时应圆滑，无硬弯。

6）接地线用铜鼻子压接，接地线与接地排的连接必须除去漆或氧化层，并保持紧固连接，做防锈处理，接地线不复接。

（4）机柜电源线安装

1）基站设备为 2 路供电，第一路直流电源线为线径 25 mm^2 的黑色多股铜线，第二路直流电源线为线径 16 mm^2 的黑色多股铜线，其中正极电源线两端缠绕红色胶带标识，负极电源线两端缠绕蓝色胶带标识。

2）在直流电源线的末端去除 2 cm 的绝缘层，修剪整齐。

3）将电源线的接头正确插入 BTS 机柜顶部的连接面板的直流电源孔位，然后把固定螺钉拧紧，注意 BTS 机柜顶部的连接面板的正负极性标识。电源线牢固连接到顶板上，用手拉不松动。两路电源使用不同的标识。

4）电源线的布放整齐有序，与其他线缆分开。拐弯时应圆滑，无硬弯。

5）电源线用铜鼻子压接，并按照设计文件紧固到相应的电源开关上。

（5）机柜 E1 传输线安装

1）基站需安装 E1 转接盒（120～75 Ω 转换器），为挂墙安装。

2）位置符合图样和现场实际情况。

3）E1 转接盒到机柜的传输线不应超过 6 m。

4）安装后应确保水平、牢固，误差不应超过 3 mm。

5）E1 转接盒距地 1.6 m。

6）2M 传输线放到 E1 转接盒，通过转接盒同机柜相连。

（6）室内跳线制作和连接

1）根据机柜到避雷器之间的距离裁减跳线，并留有一定的余量。

2）室内跳线接头制作严格按照厂家提供的说明书要求操作，使用专用工具制作。

3）把跳线连接到机柜顶部的连接面板的天线一、天线二、天线三接口上，松紧适当，不要用力过大，以免损坏接头。

4）室内馈线的布放应避免与电源线交叉，拐弯时应圆滑，避免打硬弯。

5）把室内跳线正确连接到避雷器的端口上，接头紧固。注意跳线对应不同的天线。

6）跳线应用扎带绑扎牢固，松紧适宜，严禁打硬折、死弯，以免损伤跳线，应避免跳线与尖锐物体直接接触。室内线缆固定使用白色扎带。各类线缆的绑扎应选用合适的扎带,每种线缆的扎带应统一,扎法一致,间隔均匀,间隔距离不超过0.5 m。多余扎带必须修剪平齐,同一类线缆的修剪接头处于相同位置。扎带不要扎得太紧或勒伤线缆,尤其是传输线和光纤。

(7) 标签

1) 馈线和跳线标记方法:馈线和跳线两端都需有标签固定于明显处。标签必须清楚标识。标识方法参照下表:

表4—5　　　　　　　　　　线缆标识

天线一	天线二	天线三	GPS 天线
C1TX1 C1RX1	C2TX2 C2RX2	C3TX3 C3RX3	GPS

2) 电源线、地线标记方法:色谱标识加永久标签。电源线两端要有醒目的0 V、-48 V的标识,电源线两端的颜色胶带要能明确区分各个电极,0 V为红色胶带缠绕,-48 V为蓝色胶带缠绕,地线为黄绿线。两端都要有标识。

3) 光缆标记方法:光缆标记参照电信原有光缆标牌方式。

4. VSWR 测试

室内外安装完毕后,应用天馈测试仪测量整个天馈系统的电压驻波比,VSWR 应小于1.5,并保存频域图和时域图。

5. 基站安装自检和报告

基站安装工作结束以后,按照设备厂商提供的《基站安装检查标准》完成基站安装自检,并将结果记录在设备厂商提供的《基站安装/督导检查表》。

4.2.5　安全注意事项

1. 高空作业施工人员必须有登高证,要求持证上岗。
2. 天线、馈线等器件、线缆必须两端标识明确,一一对应。
3. 线缆绑扎时,室外必须用黑扎带,室内必须用白扎带,绑扎应整齐美观、工艺良好。
4. 施工完毕后应及时清理施工场地,必须保证施工现场清洁卫生。
5. 高空作业时,必须系安全带;地面作业,必须戴安全帽;严禁雷雨大风天进行高空施工作业。